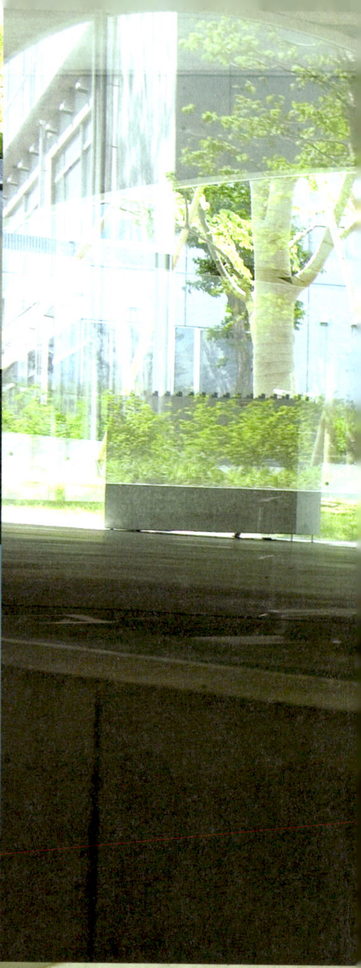

PHOTOREALISM

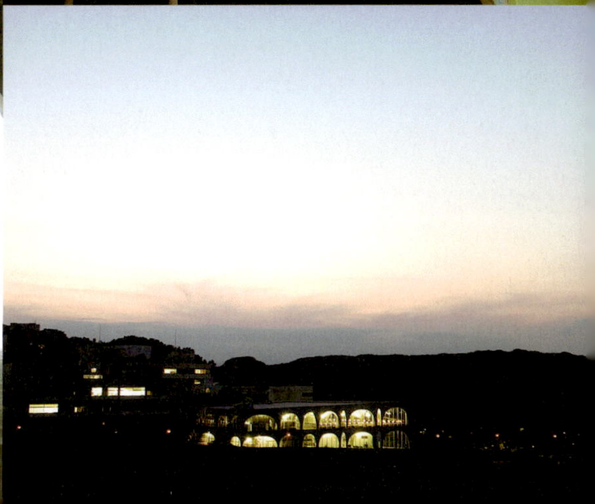

つくる図書館をつくる

── 伊東豊雄と多摩美術大学の実験

［編］
鈴木明・港千尋
多摩美術大学図書館ブックプロジェクト

つくる図書館をつくる
[目次]

archi-text 1

1. 新しい図書館

archi-text 2

2. 触発する内部空間

archi-text 3

3. 図書館の創造的な利用法

風の建物

萩原朔美

素材の重厚さを設計という考えかたによって、軽い開放感へと転化させる。伊東豊雄さんの仕事の印象である。20年以上前のことだ。伊東さんが設計した建物を見た時に感じたことである。

当時、私は数年ごとに引っ越しをくり返していた生活を止め、自宅を建てようと考えていた。そんな時、伊東さんの低予算で出来るシンプルな住宅プランに共感して依頼したのである。

時代はポストモダン全盛で、建築家の大半は、コンクリート剥き出しと鉄骨とパンチングメタルの組合せが主流だった。伊東さんの一般住宅に対するコンセプトは、その流れから少し外れているようだった。コルビュジエの考えかたの再生で、天井と床をコンクリートにして、壁面は既存のコンクリート・パネルを鉄骨に張り付けるものだった。内部は総て合板で仮設のように自由に変更が可能だ。コンクリートの塊のような強固なものではなくて、フラットな風が自由に出入り出来るような空間である。その構成が、素材の重厚さを軽いものに変容させているように見えたのである。

出来上がった家は、廊下の壁が総て本棚になっていた。これはありがたかった。今まで乱雑に放置してあった本が壁として成立する。仕切りだか本棚だか分からないところに軽味が生まれていいのだ。

一番軽味が出ていたのはキッチンだ。流しの下は扉もなにも無い。配管など全部が露出する。シンクの下にも風が抜けて湿気が籠もらない。台所と居間の間の壁も食器入れになっていて、仕切りはない。どこに居ても風が流れ動くのである。

この時現場の指揮をしたのが、妹島和世さんで、まだ大学を卒業したてではなかったろうか。男中心の建築職人の中にあって、まったく臆すること無しに渡り合っている姿が印象的だった。まさか後年多摩美に私と伊東さんと妹島さんが集まるとは思いもしなかった。

その後、伊東さんの新築の自宅にうかがったりした。風はいよいよ遠慮無しに入り込むようなスタイルで、コンセプトとしては面白いけれど、実際住む人はけっこう大変かなあと心配した。もっとも、住むことの利便性だけを追究するのであるならば、住宅展示場のプレハブに住めばいいのだ。考えかたやデザインや人間性などに共感して決定する訳で、そうなると不便さを楽しまなければ建築家の家には暮らせない。住み手が作り手とのコラボレーションを望む。そのことが重要なのだ。

最近は、工事する人が設計者との共同作業を望むこともある。設計者が工事する人のアイディアを生かすこともあるのだ。これは面白い。伊東さんのせんだいメディアテークがそれだ。複雑に入り組んだ鉄骨が総て外側から見えるようになっている。あれは現場の職人が来館者にも自分達の仕事を見せたいと望んだことなのだ。その提案を伊東さんも賛同して、現在の存在感のある外見になったのだ。伊東さんの自由な風は、工事現場にも出入りしているのである。きっと、多摩美の図書館にも伊東さんの風が横溢しているのだろう。『風の変様体』という本の中で、

「一枚の布が風の吹くままに形を変えるように、ほとんどその形態を感じさせない建築こそが、私にとっては、もっとも現代に生きられることを束縛しないように思われるのである。」

と、伊東さんは書いている。私はこういう感性が好きだ。

はぎわら・さくみ（映像作家）

新図書館から連想すること

飯島洋一

私は新しい図書館の室内に入ったとき、二つのことを考えました。一つは建物の連続するアーチ、もう一つは一階の斜めの床です。

伊東さんのこれまでの作品を思い浮かべてみても、アーチや斜めの床は一度も使っていなかったと記憶しています。ですからこの図書館は、伊東さんの過去の作品からでは容易に説明できる建築ではないのです。この建築について踏み込んで考えるにはかなり紙数を必要としそうなので、今回の短いエッセイではアーチと斜めの床について連想したことを書きとめるだけにします。

まずアーチですが、これについてはいろいろな意見が出てくると思います。最も多いのがアンリ・ラブルーストの「パリ国立図書館」(1868-69)との類似性でしょう。ラブルーストの図書館では室内に鋳鉄の柱が16本も立ち並んでいるのですが、ケネス・フランプトンはある場所で、「ラブルーストがこの細い構造体を使用したのは、屋外で読書をしているような感じを演出するためであったように思われる」と指摘しています[*1]。

これはとても重要な指摘です。というのも新図書館の開放的な室内にいると、屋内にいながらもまるで戸外で本を読んでいるような印象を抱くからです。ただし伊東さん自身はある対談の中で、「洞窟からアーチのようなものに発展していった」と語っているので[*2]、そうなるとラブルーストというイメージとは少し様子が違ってきます。

たとえば洞窟ということで言うのなら、アントニオ・ガウディの作品はどうでしょうか。実際、ガウディの建築にもアーチがしばしば登場します。そしてガウディの建築の根にあるのは表面を覆う華美な装飾よりも、骨組としての構造への強い関心です[*3]。

この点で言えば、近年の伊東さんは構造の特徴的な解決から建築の新しい地平を切り拓こうとしているので、その意味ではこの図書館もどこかガウディに通じるものがあると思います。ガウディの構造は自然を基準にするため見た目はとても不安定に感じますが、昨今のように近代合理主義が行き詰まる中で、ガウディの特異な構造思想はとても重要であり、そのことは伊東さんの建築にも通じるところがあるのではないでしょうか。

さて、斜めの床についても考えてみましょう。レム・コールハースなどいまや現代建築の多くにおいてしばしば見かけるのがこの斜めの床です。ただ図書館の場合は敷地の傾斜面にあわせるように使われているので、コールハースらの概念的な手法とはその点では異なります。むしろこの斜めの床から私が連想したのは、篠原一男さんが1974年につくった「谷川さんの住宅」でした。

その住宅では傾斜地に切妻の大屋根の建物が置かれているのですが、室内には傾斜地の地面がそのままに露出しているのです。伊東さんは篠原さんから強い影響を受けているので、彼の新作に篠原さんの30年以上も前の家の残像が見え隠れするという連想は、あながちおかしなことではないと考えます。

こうした連想はすべて未整理なものであり、すぐに説得性を持つわけではありません。でも新図書館を考えていく上で、いくらかのヒントにはなるかもしれません。この大学に教師として通う私にとって新図書館との付き合いは長くなりそうなので、ここで書いた連想についてはこれから時間をかけて考えていこうと思っています。

いいじま・よういち（建築評論家）

*1　『モダン・アーキテクチュア①』（エーディーエー・エディタ・トーキョー、1998）のケネス・フランプトンの解説文（翻訳監修は三宅理一他）による

*2　『ユリイカ』2007年5月号における伊東豊雄と藤森照信の対談「物体としての建築をめざして」での伊東の発言による

*3　黒田智子編『作家たちのモダニズム』（学芸出版社、2003）を参照

750
工芸
大型本

非図書館としてのOS

堀 浩哉

4年前のこと。何の予備知識もなくその図書館に足を踏み入れたとき、ぼくはいきなり全身が夥しい本に包み込まれてしまうような感覚に襲われた。越後妻有《つまり》アートトリエンナーレでの現地制作の必要から訪ねた、新潟県十日町市にある、情報館という名前の図書館のことだ。そこは、入り口が谷の底の部分に相当していて、周囲は本棚が小山のように三層分ほどせり上がっていき、視界が本で被いつくされるようだったのだ。

それは本好きにとってはゾクッとするような蠱惑《こわく》的な空間で、ぼくはそこで唐突に『薔薇の名前』(ウンベルト・エーコ)の、修道院の塔内に設えられた螺旋状の迷宮図書館のことを想い浮かべていた。その、本に包み込まれるような胎内的空間から、あの中世キリスト教の閉鎖的で神秘的な迷宮空間をまず連想したからだけれども、それだけではなかった。

エーコがあの書物で示したのは、テキストを読むということは次々と別の読み方を開示しつづけることなのであり、それによって閉ざされた知のヒエラルキーを開いていくということだったけれど、その知のヒエラルキーの象徴でもある、塔内に閉ざされた螺旋状の迷宮図書館という構造自体を開くと、一体どういう形になるのか。そんなことを、あの書物を読んだときに考えたことがあった。「開かれた」図書館というものが、ただ開放的で非権威的な、今ではどこにでもあるフラットなだけのものではつまらない。塔状の知のヒエラルキーと構造として対峙するためには、もっと違った開かれ方があるはずだ、と思っていた。

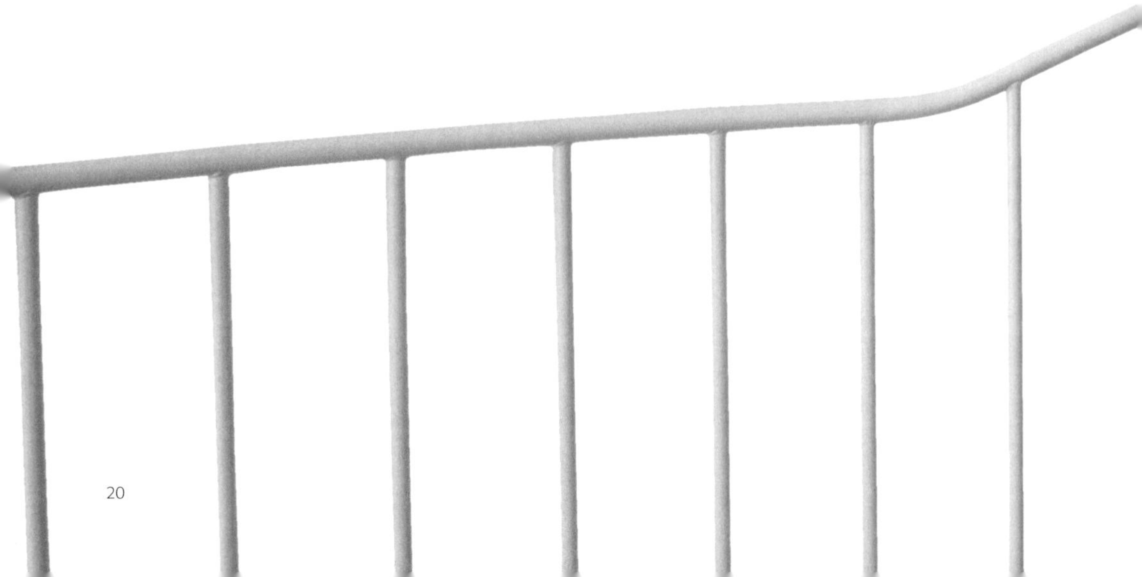

本に包まれるようなその図書館は、開放的でもフラットでもないけれど、しかしそこに塔内の螺旋を上昇していくような構造などは欠片もなく、里山を遊行するように段差を巡り、ただ草木のように並んだ本と親和的に触れあっていくという、ゆるい場所なのだった。ここでは時間とともに堆積していく本そのものが構造になっているのであり、空間的に押し付けられた開き方などはない。しかしそうでありながらこの図書館は実は、閉ざされながら時間とともに自ずと開いていく、という「開かれ方」をしているのではないか、などと想いめぐらせてしまったのだ。

今、ぼくらはもう一つの新しい図書館のモデルを前にしている。ここにはアーチといういかにも迷宮的な構造が林立しながら、壁がない。遮るものが一切ない。外部が透過するガラスしかないここは、外部が折り返された空間でもある。だから、内部のないここはもう「開く」必要さえもない。知のヒエラルキーなどはグーグルやヤフーによってとっくにリセットされた後の、押し延べられた荒野にあえて残された知の遺跡として、この図書館は本当は企図されているのだ（設計のコンセプトなど何も知らないままの独断だけれど）。とすれば、外部が空間として折り返されてしまったこのアーチ状の遺跡が、それでもなお記憶に刻まれた知と好奇心へのあくなき渇望の象徴として機能するためには、図書館のためのOSはすでに不全なのであり、ぼくらは「非図書館としてのOS」をこそ必要とするはずだ。

ほり・こうさい（美術家）

アーチ構造ではないアーチ曲線

高橋士郎

イスラム建築の多芯アーチ構造は、意外にも紐一本を頼りにして施工される。煉瓦職人の手首に結わえられた一定の長さの紐の端を、釘で円弧の中心に固定してから、紐を張りながら手に持った煉瓦を積み上げていくと、円弧状に煉瓦が積み上がる。アーチ曲線が水平線に近付く頂上部分は地球重力で崩落しやすいので、地球重力と折り合いをつけて省略し、左右の円弧を頂点で抱き合わせる。

ローマ建築のアーチ構造は幾何学的に正確な半円であるが、地球重力による変形を解決していないので、アーチ部分だけでは自立することはできない。ローマ時代のアーチ構造は、幾何学を信奉するシンメトリな人間感覚が生み出した、想念の造形物といえる。

ガウディの懸垂曲線によるアーチ構造は、地球重力に対しての科学的な解答であるが、力学への著しいリアリティは、地球重力からの解放を願望する人間の想いと

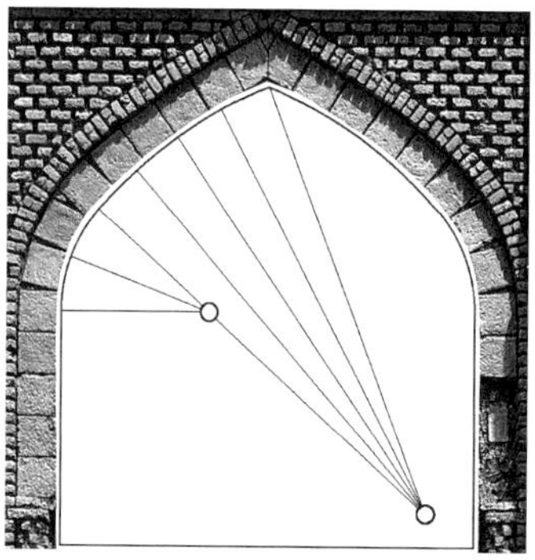

イスラム建築の多芯アーチ

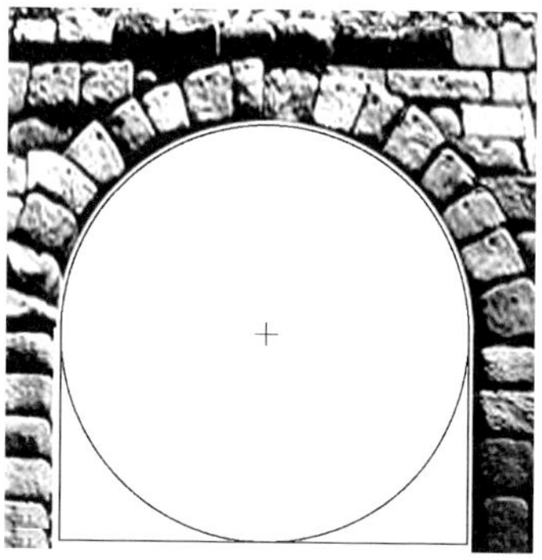

ローマ建築の半円アーチ

は、あまりにも懸け離れ、共感しづらいように思える。

新図書館のアーチ曲線は、これらのアーチ構造の曲線では説明できない。従来のアーチ構造が、部材を集積していく加算法の造形なのに対して、この造形法は、薄い垂直壁面が多数交差する丈夫な構造体から、力学的に不要な部分を消去する減算法の造形である。

私達は、消去されて眼に見えない幾つもの壁を通過しながら、空ろな空間を逍遥することとなる。

従来の巨大空間が、重力による自己崩壊に抵抗する表現であるのとは反対に、まるで紙模型の中を歩いているように、スケーリング感覚から解放される。

床の傾斜面を上下するたびに、自分の体重が重くなったり軽くなったりする感覚は、確かに地球上に押し付けられている肉体なのだが、思いは軽やかに爽快である。

たかはし・しろう(造形作家)

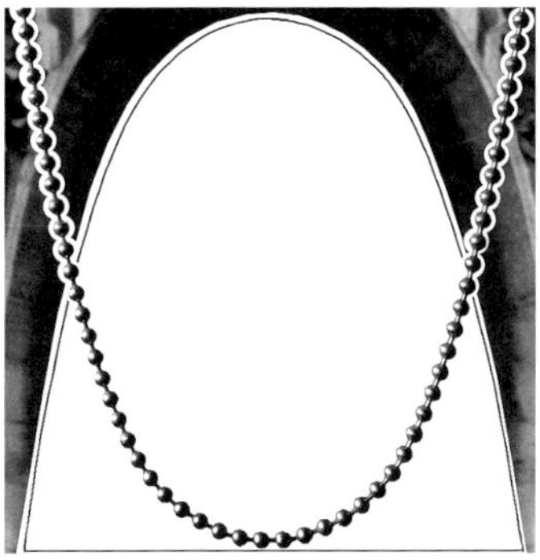

ガウディの懸垂曲線アーチ

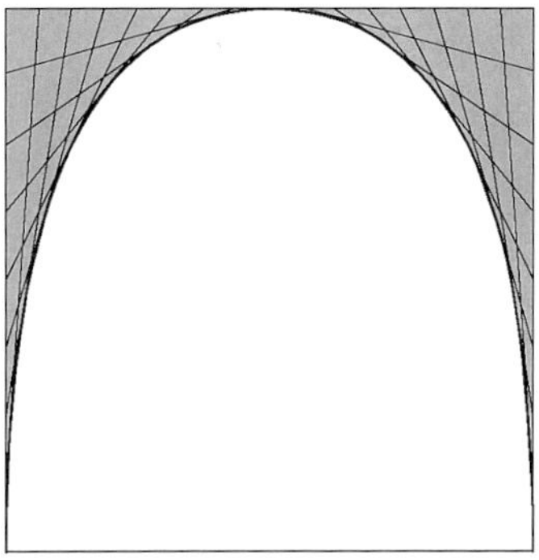

新図書館のパラメトリック曲線

新図書館のアーチ曲線は、コンピュータが計算して描き出すパラメトリック曲線である。滑らかな美しい曲線を手で描く訓練は、永く美術教育の基礎であったが、今日のパソコンはいとも簡単に自由曲線を描いてみせる

図版は筆者提供

鑓水や本ならぶ野の大傾斜

平出 隆

いつ思い出しても首をかしげるのは、ベルリンの国立図書館のあの大きなフロアは、さてほんとうは水平なのか斜めなのか、という問題である。

ハンス・シャロウンの建築として名高いそこに入ったとき、私と妻はかつてどこの歴史的図書館でも味わったことのない、いかにもベルリン的な規模に、たいへん興奮したものだった。あちらこちらを歩きまわって、二階からもういちど食堂につながるロビー空間に下りたとき、身体が斜めになったのを感じた。時をおかず、妻も私も口をそろえ、「わあ、斜めだ」と感極まった。

広やかな空間には青年が寝そべって本を読んでいた。濃い色合いの床面はそのまま食堂のあるほうへ微妙に傾斜している。なんという豪勢な設計だろうか。私はそれより前に入っていた、つい通りを挟んで向いにあるベルリン・フィルの内部空間を思い出した。同じシャロウンによる設計のあそこにも、客席の列が90度に折れて次のブロックの客席につながるあいだに、短いが微妙な傾斜が大胆に仕込まれていたものである。

建築内部を波打つ地形と感じさせる手法はこのほかにも、いまやいくらでも例を見るだろう。けれどもそれを、建物を包む都市の地勢らしいものとして、すなわちこの場合、ベルリン的地勢として感じるかどうかは大切なところである。

ベルリンに一年住んだ功徳があってか、一昨年、ある美術雑誌の取材班とともにドイツ特集の三週間の旅に出た。ケルンでゲルハルト・リヒターを訪ね、ジュルト島で灯台を見、北の海辺にさらに灯台をいくつも眺めていく。リューゲン島では、断崖に立つ小ホテルで支配人からロマン派復興を煽られつつ、カスパー・ダヴィッド・フリードリッヒの風景や、ナチスの建てた国民的保養所の廃墟を歩いた。そのあいだ、編集者もカメラマンも予習よろしく私に、旅の大団円ベルリンで見るべきところを尋ねてきた。いくつも思いつくところをあげていったとき、私は国立図書館のフロアの傾斜を得意げに添えたものだった。

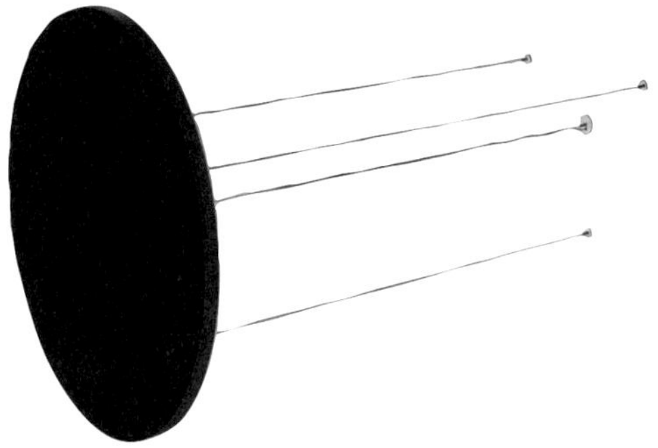

私たちはグライフスヴァルトからベルリンに着くと、翌日の早朝に図書館に入った。まだだれも入場していない時間の取材を許されたのである。ステンドグラスから差し込む朝日が、書架を真っ赤に染め上げているところなど、知らなかった都市の地勢がまた目の前に広がるようで、私はそのきつい赤にもベルリンを見ていた。

さてくだんの傾斜へ、私はスタッフを導き、そして指差した。するとどうか、二人はきょとんとしたままである。──これは傾斜していませんよ。

そうは言い切らないところ、著者への配慮らしい。いや、傾斜しているじゃないか、というのもおかしな議論になる。ポケットにビー玉でももっていれば、すぐに判明しただろう。だが、それまでの旅程で雑誌につかえる写真がいかなるものか、私はもう分っていた。この視力争いに勝ったとしても、写真はつかわれないだろう。そこで私も、スタッフとは少し違った理由で、取材対象案からこれを早々に、しぶしぶ取り下げることになった。

いま、ようやくだれの目にも明らかな傾斜をもった図書館の広やかなフロアがあらわれた。それが世界に誇れる建築で、しかも私の日々勤める大学の図書館にというのだから、慶びに堪えない。どんな厳しい取材班も、こんどは取り上げざるをえないであろう。しかもそこには、多摩という大地の波立ちが、あたらしくあらわれている。

ひらいで・たかし（詩人）

筆者注：題名は北園克衛の戦中の句「葛飾や芋植る野の大傾斜」から

アーチとガリシアの帆立貝

──新図書館から「芸術と知の巡礼」に旅立とう

鶴岡真弓

新学期早々、芸術学科の授業(21世紀文化論・芸術人類学研究所共同企画)に、スペインの「ガリシア」から幸運が舞い込んだ。

鑓水の大地に吹くおおいなる春風が、ユーラシア大陸に渦巻いて、ステキなものを運んできてくれた。

いま世界で最も多忙な、ケルト系ミュージシャン、カルロス・ヌニェス氏が来日公演のあいまを縫って、特別「講演と演奏」のため八王子キャンパスを訪れてくれたのだ。

ヌニェスさんは十代からアイルランドの大御所チーフタンズと共演してきた、世界的バグパイプ奏者。スペイン北西部ガリシア地方の出身で、地元ではガイタと呼ばれる、古代からの笛を奏でる。

風を揺らすヘルメス神の技。風を打つ鳥の羽ばたきのインパクトと、空気振動の無限の広がりを現出させて絶妙の、その音色は、宗教的でさえある。だから映画『シネマの海』のサウンドトラックなど、映像とのコラボも目立ち、最近では宮崎吾朗監督アニメ『ゲド戦記』のサウンドでも、おなじみのものとなった。

羊の皮などでつくられた袋の中に、空気をため、それを押し出す。羊飼いが生み出したといわれ、風の音を、袋の中に呼び込み、全身をつかって再出現させる。芸術・デザインというものが、自然からスピリットを呼び込み、それに人間の手でかたちを与え、再び世界に送り/贈りなおすという技ならば、ガイタは、風を、息を、もちいながら、本質的な造形誕生の心技をみせてくれる楽器なのだ。

ガリシアの音楽の話からはじめたのは、ほかでもない。

鑓水の大地に建った新図書館の「アーチ」の造形。それはその下で読書し、思索し、たたずみ、呼吸する私たちに、ガイタの表現と同じような、生命の息、たおやかな風を、送り込んでくれる。そればかりか、ガリシアに伝わるある象徴のかたちを私に思わせてくれる。

ヨーロッパにおいて「アーチ」は、EU紙幣のデザインのとおり、長い時間を貫いてきた。トップが半円形のものは古代ローマの建築で確立し、中世のロマネスク寺院の構造とスタイルに受け継がれ、ゴシックの時代には、尖頭アーチが主役となり、ステンドグラスが幅をきかせて、天上の光を演出するようになる。

ちなみにガリシア地方は、ロマネスク建築の宝庫で、その最たるものは、かのサンチャゴ・デ・コンポステラの大聖堂だ。ルイス・ブニュエル監督の映画『銀河』にも印象的に描かれたように、中世ロマネスクの時代以来、フランス側からくる「巡礼」の人々は、ピレネーを越えて、西の果てのガリシアのその聖地をめざした。巡礼路に沿うたくさんの聖堂にはアーチが架かり、いわば人々は「アーチ」をくぐりぬけながら、聖地に向かう。「アーチ」は、スピリチュアルな旅の無限の入り口だった。

　そして巡礼の人々が、頭陀袋《ずだぶくろ》や衣服に付けたお守りといえば、「聖ヤコブの貝殻＝コキーユ・サンジャック」だった。いまではフランス料理で有名な「帆立貝」の殻は、聖ヤコブその人が身に付ける聖なるしるしである。もともと「帆立貝」はケルトの伝承で「豊饒のシンボル」といわれ、ガリシアやガリア（古代フランス）のケルトの人々の信仰が、キリスト教時代に引き継がれたもの。ガリシアの風が舞い上がる大西洋の水底に、この貝は潜み、人間たちに無限の生命を授けてきた。
　そう思いながら、私はカルロスさんの授業の終わった後、夜の光に浮かび上がる新図書館のアーチを仰ぎに行った。すると私の眼に、それは巨大な「帆立貝」の貝殻、コキーユ・サンジャックとして、再出現した。
　私たちはこのアーチを日々くぐりぬけながら、風の音を聴き、巡礼のように、たいせつなものを発見しにゆくのである。巨大な豊饒の貝殻に包まれながら、芸術と知を探求する理想の舞台が、ここにある。

つるおか・まゆみ（ケルト芸術文化、ユーロ−アジア民族デザイン研究家）

図版は筆者提供

軽い図書館・野生の思考

辻 惟雄

多摩美の八王子キャンパスに新しい図書館が誕生した。伊東豊雄さんの傑作と評判の高いこの建物を、先日見てすっかり感心した。

伊東先生とはまだ面識がない。素材の性格を生かした「軽い建築」を特色とするすぐれたデザイナーという程度は、先ごろ出た拙著『日本美術の歴史』の執筆の折、現代建築をにわか勉強して知ってはいたが、実物を見るのは今度が初めてである。

コンクリートの打放しとはいっても、曲線の薄い壁の連なりが軽快なリズムをつくり出し、建物をまるで籠のような柔らかい感じに仕上げている。薄い壁や細い柱に強度を与えるため、コンクリートのなかに金属を埋めるなど、技術的には大変な苦労があったという。桂離宮の天井裏を覗くと、驚くほど複雑な柱組みが見えて、建物の軽快なデザインを演出するために設計者の払った苦心を物語る、とむかし川添登さんの本で読んだことを思い出した。一階の床を水平にせず、地面のゆるい斜面に合わせ、建物の内と外を連続させたところなども心憎い。この建物に図書館が移ってから、学生の利用者数が飛躍的に増したというのも当然だ。やっと美大らしい図書館ができた。

ところで、増えた利用者たちはいったいどんな本を読んでいるのだろうか。

私が若いころ、たまたま芸大の図書館で本を閲覧すると、画集の色刷りのページが至る所切り取られているのに驚いたものだ。手本に飢えた学生の仕業である。カラーコピーが普及した現在、そんなさもしい行為は見られなくなったとはいえ、芸大・美大の学生が図書館のなかで目ざとく見つけるのが、言葉でなくイメージであることは、昔も今も変りあるまい。

だが西洋はロゴス＝言葉の国である。描かれ、作られたものは言葉で語り尽くされねばならない。うるさいほどの言葉、理屈が作品に浴びせられる。それに対し創作する側は自分の作品の拠って立つ思想を言葉で説明し返さねばならない。それができないと相手にされない、とはフランスで苦労された李禹煥先生が大学院生に繰り返しおっしゃっていたことだ。あなた方芸術家やデザイナーの卵も、感性だけでなく、思想＝言語を鍛えないと世界に通用しない時代が来た。

折しも多摩美に教授として乗り込んでこられた中沢新一先生の「芸術人類学」などは、あなた方にとって、絶好の機会を提供するものだろう。先日中沢氏と対談の機会を持った折、伊藤若冲の絵のあちこちにどうして「眼」が嵌め込まれているのか、という私の質問に対し、「人間が言葉を発達させた代わりに失った〈野生の思考〉が、眼となって画面に残っている」という興味ある回答をされた。開かれた新しい図書館で、さて皆さんは何を見つけるだろうか。

つじ・のぶお（日本美術研究）

1. 新しい図書館

八王子キャンパス計画と新図書館

アーチと洞窟 ── あるかたちの誕生
伊東豊雄・港 千尋 対談

八王子キャンパス計画と新図書館

田淵 諭（多摩美術大学八王子キャンパス設計室長）

はじめに

多摩美術大学では教育施設の整備と充実を目的として、八王子キャンパスの敷地拡張とキャンパス計画を進めてきました。具体的には1995年に「八王子校舎建設整備委員会」が組織され、全学を挙げて八王子キャンパスの将来ビジョンを検討し、これに基づいたマスタープランを作成しました。また、この委員会発足と同時にその諮問機関として、建築・インテリア・外部空間の設計を行う「八王子キャンパス設計室」が学内の教職員により構成され、各部署の調整をはじめ各学科棟の設計、外部空間や造園の設計をマスタープランに基づいて進めました。

今春の新図書館と新校舎を含めた第3期工事の終了をもってマスタープランのおおかたが完成し、年度内には広場の整備や資料センター棟の改修等が完了する予定です。新図書館をはじめ8学科および事務・福利厚生棟等の計23棟が建てられ、外部空間の装いも新たに12年におよぶキャンパス計画が終わろうとしています。本学の教育環境は充実し、美術大学としては国内有数の校地面積とアトリエ空間を有することになりました。

今回は新図書館に関連したこの間の歩みをご紹介します。

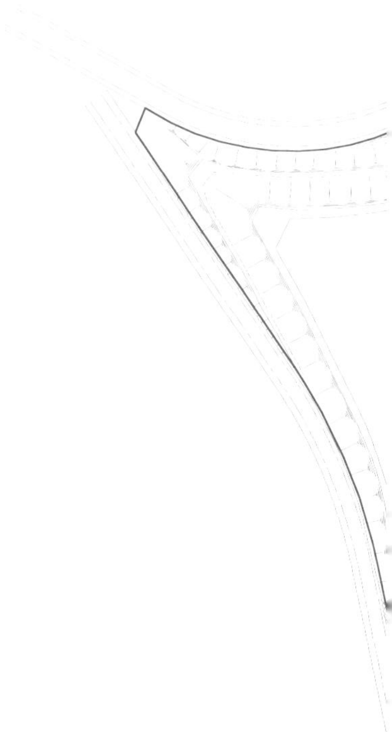

キャンパス計画のコンセプト

多摩美術大学八王子キャンパスは、多摩ニュータウンの最西部に位置する約15万平方メートルの敷地面積です。多摩丘陵の起伏に富んだ敷地をダイナミックに利用し、変化のある外部空間と多様な建築群を計画することをめざし、丘陵の雑木林を復活させ、そのなかに学科や専攻別の特徴を活かした建築を配置しました。敷地最高部に位置する現存の共通教育センター棟は残し、敷地の東にケヤキ通り、西に桜通り、中央にセンター通りの3本の幹線を設け、各学科棟と諸施設を渦巻き状に配置しました。

キャンパスの性格として、「自由と意力」という多摩美術大学の建学理念に基づいた、自由で活気のある校風を建築でも形に現わそうと考えました。創造・創作の場、研究や学びの場であると同時に、学生のキャンパス内での生活が充実できる街（アートタウン）のようなキャンパスづくりをめざしました。

各学科棟や工房棟の1階エントランスには、その学科や棟を象徴するギャラリーや実習室を置き、各施設を開放的にして他学科の学生でも見たり触れたりできるようにしました。このコンセプトは、新しい図書館の「アーケードギャラリー」にも反映されています。建築の外壁を学生のパレットと見立て、作品や光が活きるようシンプルな

多摩美術大学八王子キャンパス　全体配置図

計画建物

既存建物

0　10　20　30　50　70　100m

縮尺1：3000

鉄筋コンクリート化粧打ち放しで統一しました。構内には本学の教授をはじめ多くの作家の作品を配置し、キャンパス全体をアートやデザインで満たしました。

また、各建物は省エネルギーを考慮し、各棟の雨水利用によるトイレ排水、太陽光発電、自動調光システム、氷蓄熱や井戸水による冷房設備等を採り入れています。新図書館も地下の免震層にたまった冷たい空気を空調の一部に利用しています。

設計初期段階から結成された新図書館研究会。計画立案時から開館後まで連続して開催され、建物から運営にいたるまでのさまざまな内容が討議される場となった。理事長はじめ学内の教職員、キャンパス設計室、図書館スタッフ、伊東豊雄事務所の担当スタッフなど異なる立場のメンバーによって構成されていた

東地区の取得と第３期計画

今回のプロジェクトの最終章となる３期工事は、キャンパス計画中「この一角を敷地にすることができれば……」とだれもが願いながらも入手困難と思われていた東地区を東京都との地道な交渉により取得できたことによりスタートしました。私たちはマスタープランを修正し、建設整備委員会を開催して、敷地利用と将来ビジョンに向けて検討を重ねました。

３期工事の中心となったこの東地区は南北420メートルの細長い敷地で、北側にはバス停と正門を、南側には自転車置き場と通用門を配置しました。ここに南北190メートルの長さにわたって新しい図書館と情報デザイン学科棟・芸術学科棟が建築されることになりました。この敷地には、南北に約4.5パーセント勾配のケヤキ通りが貫通しています。この勾配は原宿の表参道やパリのシャンゼリゼ通りと同じで、彫刻群のあふれる正門のクスノキの並木から南に折れ、彫刻広場、図書館、ショップ棟、調整池を巡り、工房棟群を抜け、食堂棟前の「センタープラザ」に至るキャンパスの幹線となることを想定して計画されました。

図書館の設計者決定

新しい図書館の設計は、多摩美術大学環境デザイン学科の客員教授である伊東豊雄氏にお願いしました。伊東氏は、日本を代表すると同時に世界的に活躍をする建築家です。客員教授として多摩美に来ていただいたのも、形に囚われない建築の作風が、柔らかく自由な発想を求める教育方針と一致したためでした。そのような伊東氏の考え方を高く評価している藤谷宣人理事長から「新しい図書館の設計をお願いできないだろうか」との相談があり、伊東氏、藤谷理事長、髙橋士郎学長（当時）、峯村敏明図書館長（当時）と私で会談をもつ機会を設けました。理事長からは、知識や情報を収集し閲覧する従来型の図書館機能に加え、学生や教師がコミュニケーションを図ることができ、キャンパス内の創造の場として積極的に利用できる美大の図書館を設計してほしいという熱い想いが、学長からはアートタウンとしてのキャンパスビジョンが披露され、伊東氏から快諾を得ることができました。

新図書館研究会の発足

新しい図書館の設計に際して、理事長をはじめ学内の教職員並びに伊東氏と事務所のスタッフから構成された「新図書館研究会」

が開催され、図書館のコンセプトづくりや要望の整理や勉強会が開かれました。この研究会は他大学の最新の図書館見学会も含め、設計が終わるまでに8回、その後11回開かれ、伊東豊雄建築設計事務所と新図書館研究会とで案を煮詰めることができました。

4つの核の中心となる図書館

今回のキャンパス計画では、4つの機能が重要な核として位置づけられています。その核の役目を、「新図書館・メディアセンター・資料センター・美術館」が担っています。これらは学生、我われ教職員にとっても、アートやデザインを学び創造・制作をしていくうえで欠かせないものです。具体的には

・本を中心とした紙媒体およびマルチメディア(CDやDVD)の収集機能をもった図書館

・デジタル情報を中心とした機能をもったメディアセンター

・実物・現物の資料を収集並びに研究する機能をもった資料センター

・アートやデザインの作品を収集並びに研究する機能をもった美術館(美術館は八王子キャンパス内ではなく多摩センター駅周辺に位置しています)

そのなかで、新しい図書館を正門の脇に配置し、キャンパスの象徴としての役割を果たしてもらうことになりました。

図書館への要望

新しい図書館の設計に際し、大学側から出した要望は下記のとおりです。

・多摩美八王子キャンパスの顔となること

・従来型の図書館機能に加え、学生同士や学生と教師などが積極的にコミュニケーションを図ることのできる、多機能で創造的な図書館としたい

・原則として、開架の図書館としたい

・20年後の30万冊収蔵を可能としたい(現在12万冊)

・資料センター、メディアセンターの棲み分けや関連性を考慮したい

設計者からの提案

新図書館研究会の検討のなかで、伊東氏からはふたつの案が提案されました。ひとつは半地下案、もうひとつはできあがった図書館の原型となる地上案でした。

半地下案は、現図書館敷地に半地下に埋め込まれた図書館で、曲線の建築に沿って書架が有機的に配置され、屋根には多くのトップライトが開けられたユニークなものでした。もうひとつの案は、敷地の傾斜に合わせた床をもち、建築全体が免震構造で支えられた繊細なアーチ構造という斬新なものでした。

どちらの案も図書館内の空間は機能別に区切られるという一般的なものではなく、いろいろな用途に合わせたシーンを想定しつつ、出来事や出会いを誘発し、それらに対し、アーチに囲まれた空間を提供するという「場の設計」というコンセプトをもった提案でした。ふた

つめの案が新図書館研究会全員の賛同を得て建設整備委員会にかけられ、承認され実施設計に進みました。

図書館の工事

工事は鹿島建設の技術の粋を集めて行われました。ひとつとして直角がなく、すべてのアーチが平面的にもカーブを描いているため、原寸大のアーチのサンプルを事前に作り、研究や実験を繰り返しました。躯体工事は終始難航しました。しかしこの難工事も、多くの職人さんたちの確かな技術と難しいものへのチャレンジ精神で乗り越えることができました。

図書館の家具

図書館の書架配置や閲覧机等は、環境デザイン学科の客員教授藤江和子氏がデザインしました。これは伊東氏が設計した空間に、他の人が加わることでさらに新しいデザインの可能性を引き出そうと考えたからです。その結果、新図書館のアーチのなかに自由に展開するカーブの書架や木地仕上げの閲覧机が置かれ、空間はより魅力的なものになりました。

図書館棟の完成

正門のバス停を降りると、キャンパスを象徴する彫刻広場の南で、新しい図書館がみんなを迎えてくれます。新緑のケヤキが、図書館外壁コンクリート化粧打ち放し面に木漏れ日とその影を落としています。アーチの外壁の大きなガラス越しに、多くの学生が読書したり、思索にふける姿が映ります。1階アーケードギャラリーでは学生たちの会話が弾んでいるようです。夜には建築全体が照明で浮かび上がり幻想的な風景となります。

伊東氏の設計に傾ける情熱や、現場の職人さんたちの技術にかける職人魂、新図書館研究会で理想を追い求めて再三催された会議、工事現場での施工とデザインのせめぎあいで白熱した議論など、多くのことがいまとなっては楽しく思い出されます。図書館が事故もなく無事完成したことを感謝の気持ちでしみじみと味わっています。

ひとつの建築が、ひとつの空間が、学生たちをはじめ、ここを利用する多くの人びとに感動や空間体験をもたらし、新しいデザインの発想や創造活動の源となることを願っています。

[右頁上]設計における基本的な考え方を模型を用いて説明する伊東氏。2004年8月31日
[右頁下]建物のアウトラインが決まり、図書館のあり方、具体的な運営から建物の細かい仕様などを検討する。2005年7月7日

アーチと洞窟──あるかたちの誕生
伊東豊雄・港 千尋 対談

港　ここは図書館のエントランスにある、庭園からの光がとても気持ちよいカフェのスペースです。窓からは向かいの丘の新緑がきれいですね。今日はこの新しい図書館がどのようにして生まれたのか、そのプロセスを中心にして、ひとつの空間の誕生ということについて対話ができればと思います。まず今回の建築のお話がきたときに、伊東さんは最初、どんなイメージを思い浮かべられましたか。

伊東　やはり「せんだいメディアテーク」で拡張された図書館を数年前にデザインしましたので、そのイメージが強かったです。つまり図書館といっても、「せんだい」の場合にはそれ以外の部分が一緒になっていることが重要で、たとえば1階に半屋外的広場のようなギャラリーホールがあってイベントが行われていて、その隣にはカフェやショップがあって、コーヒーを飲んだついでに、ちょっと2階に上がって雑誌を見てみようかとか、あるいはビデオが7階で見られたり、その横でワークショップをやっているとか、そういったさまざまなアクティビティが連鎖しあって、新しいタイプの図書館だというとらえ方をしていましたので、ここでも「拡張された図書館」というイメージが最初からありました。

コミュニケーションの場として

伊東　それから、多摩美では最初から、既存の図書館がアーカイブとして残り、さらにメディアセンターがすでにあるということにも注目しました。新たなライブラリーができると、それら3つを組み合わせてメディアテークにしたいという構想をもっておられましたので、それをどう整理すべきか。

さらに、学生や先生たちにとってのコミュニケーションスペースとしてのライブラリーですね。場所からいっても、サイトからいっても、その意味はひじょうに大きいということは、じゅうぶん想像できました。

港　そうしますと、開かれた図書館というイメージは、最初からもたれていたわけですね。環境デザイン学科の授業などを通しても、そうした意味はでてきましたか。

伊東　実際に設計に入ってからも、3年生の課題で何年か、同じサイトに図書館を考えてもらうという課題を出していたのです。そこでも学生たちが他学科の学生たちと出会うのは、食堂しかない、そういった交流のための場所がほしいというコメントは多くの学生が言っていました。授業のなかからでてきたアイディアや刺激も、結構ありました。この「ヤナギ通り」(編集註：現在「ケヤキ通り」と改称)という通りとの関係に対する提案もずいぶんありましたし、バスを待ちながらここで雑誌を読んだりコーヒーを飲みたい、とも言っていました。

港　そういう意味では、やはり学生たちとのコミュニケーションのなかから、少しずつできあがってきたということですね。

床を消すとどうなるか

港　設計に入る段階でこの場所に来られて、傾斜した土地ということを見られたと思いますが、どう思われましたか。

伊東　20分の1勾配のスロープは、実際に体験してみるとかなりの勾配でした。それとライブラリーの床との関係をどう取るかが、最初に考えたことです。

最初に提案したのは地下に図書館のスペースすべてを埋める案でした。いずれにしてもゆったりと本を読んだり、くつろいだりするためには、できるだけ階数は少ないほうがいい。そしてランドスケープとほとんど一体化したというか、ランドスケープのなかで、つまり屋外で本を読んでいるような、そんなスペースのイメージをチームのなかで話し合いました。

それで平屋にしてしまうと、ほとんど正門前まで伸びてしまう。だから地下に埋めて屋上を全部スカルプチャーガーデンにしてしまえば、ガーデンも拡がるし、図書館もゆったりとした雰囲気になるからいいかなと思ったのです。

港　その最初の案はじつに面白いですね。たとえば傾斜があったら、それを人工的に平らにして、その上に建物をライズするという考え方のほうが普通にでてきそうですよね。ところが、そうではなく、傾斜はそのままにしてその地下に図書館を造るというアイディアがでてきたというのは、そこに特別な意味があるんでしょうか。

伊東　そうなんです。最近、床をどう取り扱うかが、いちばん気になっているのです。なぜなら壁と天井あるいは屋根は有機的に表現できるけれども、床だけは水平を保つために自然とは異質な人工的な要素として浮いてしまう。床という存在だけは消えないというか、建築的なエレメントとして残ってしまうということです。それを消すために、地下とかスロープの床がでてきたのだと思います。

港　そうすると、建築的になにかを付け加えていくという発想よりは、消していく発想ですね。

伊東　そうですね、床を消したいという。しかし床を消すと建築が建築でなくなってしまうので、自己矛盾ではあるんですが、この場合はスロープだということで最初から床をスロープにしても建築として成り立つだろうかとか、あるいは地下に埋めてしまえば床が消えるとか、そんなイメージからスタートしたのです。ですから建築が地上に出てきたときにも、スロープを上層階まで連続させたいというイメージが残っていました。外を歩いていてもほとんど感じませんが、垂直水平で成り立っている建築のなかに入ったとたんに、スロープ状の床は格別な意味をもってきます。

港　面白いですね。床を消そうとしたことによって、逆に床を歩くことを感じさせるというか、それを自覚させるということになったわけですね。

伊東　それは僕も躯体ができた頃に、逆に意味をもっている事実

上：台湾・台中市の「台中メトロポリタンオペラハウス」のコンペ案（コンペ開催2005年10月–12月）。
下：福岡市の「福岡アイランドシティ中央公園 中核施設 ぐりんぐりん」（2005年4月竣工）

を、どう考えたらいいんだろうと思っていました。いっぽうで現実的な問題としては、家具を置くときにいったいこのスロープはどうなるんだろう、それから椅子に座るときにどう考えればいいんだろう、また港さんが提案してくださったのですが、ここでダンスのようなイベントをやると、フラットでない床は格別な意味をもつに違いないと。最初は外部のスロープがそのまま内部まで続いていたら、どこでもゴロゴロ座り込んだり寝転んだりできるじゃないか、というぐらいの気楽な気持ちで始まったことでしたが、こんなに意味をもってしまうのは面白いですね。

港　伊東さんの建築をこれまで見てきて、僕がいちばん感銘を受けるのは、なにかを消すことによってそのなにかが新たな意味をもって立ち上がってくるという点です。今回の場合は床だったわけですけれども、「床を歩くこと」というきわめて単純明快なことを自覚する。知覚する空間が建築によって現出するところが面白いなと思っていました。

原初的空間の力

港　また先日の展覧会（編集註：「建築|新しいリアル」展、東京オペラシティ2006年10月–12月、せんだいメディアテーク2007年4月–5月）で印象に残るもののひとつが、「台中市メトロポリタンオペラハウス」のチューブのような、あるいは内臓のような空間です。九州の「ぐりんぐりん」も岩陰というか洞窟的な空間ですし、今回も最初の案は地下に掘っていくということですね。いずれも外部に屹立するものというより、内部に新たに形作られる空間というのが共通しているように思うのですが。

伊東　台中市のオペラハウス、あるいはその前の「ゲント市文化フォーラム」（編集註：ベルギー・ゲント市のコンサートホールのコンペ案。コンペ開催時期2004年4月）のCGを描いたときに、「これは洞窟だな」とはっきり意識するようになったのですが、それまでのプロジェクトでは自分のなかでは洞窟という意識はほとんどなかったのです。

ただ、内部しかない空間、外部がない空間が自分にとっては理想でした。逆に言えば、外部が現れてしまうのは建築の建築たるゆえんなのですが、しかし同時にやりきれない気持ちを、ずっともち続けていました。「ホワイトU」（編集註：1976年竣工の初期代表作「中野本町の家」）でも内部思考で内部空間のことで頭がいっぱいだったのですが、結果として素っ気ない壁だけの外部が現れてしまった。

では外部をどう考えたらいいのだろうと意識し始め、できるだけ表層化して、外部が消えてしまうぐらいの薄い外部にしたら内部と外部の境界が消失してしまうかもしれないなどと考える時期もありました。そういった試行錯誤の末に、最近開き直って内部的な思考に戻ってきたようなところがあります。

多摩美もそうですが、外部は、どこまでも連続していく内部空間をばっさりと切り取ってみたら断面としての外部が現れたという、そういう表現でいまは外部を処理しよう考えようとしているのです。けれども図書館の場合には地下にあった空間が地上に上がってきたときに、それをどう支えるか、壁や屋根をどう表現するのかが当然問題になってきます。地下にあるときには構造体はほとんど表現する必要がないわけですが、地上に上がったとたんにそれを支えるシステムを表現せざるをえない。そこで当初、地下的な地上ということで洞窟を連続させたような、あるボリュームをえぐっていって連続させたドームの連続体みたいな空間が現れたのです。

港　僕は伊東さんとは違った観点から洞窟に興味がありまして、いわゆる旧石器洞窟をずいぶん訪ねてきました。潜ってきたんです。南フランスにあるラスコーやスペイン北部のアルタミラが有名ですね。そうした古い洞窟というのは、かつて聖なる場所、あるいはひじょうに大切な場所だったと思うんですが、ここで面白いのは、そうした旧石器時代の遺跡の残っている洞窟の上は、カトリックのしかも重要な教会が建っていることが多いんです。

そうすると何万年という遥かな時を隔てて、人間がある空間をつくろうというときに、どこでもいいわけではなくて、そこでなにか感じるものがあったのではないかと。聖人が祀られている下のいちばん古いところに洞窟的な空間があったということは、地下にあったなにかが地上に出てきたのだなと思いました。

伊東　それと同じことは僕もメキシコに行って経験しました。エルナン・コルテス（編集註：16世紀アステカを征服したスペイン人）がやってきたときにピラミッドを破壊して、その上にカテドラルを建てていく、それがいまでもずいぶん残っています。メキシコシティで「この下にピラミッドの石が見えるでしょう」とカテドラルの床下を見せてもらいましたが、同じような経験ですね。

ですから図書館の場合も、地下を掘って造ろうと考えていたのに、それが地上に上がってきたときに、それを建築の形式に置き換えようとしたというスタディの過程は、人類の長い歴史において、洞窟がドームという神聖な空間に置き換わっていったのと、どこかで共通するプロセスだったのかなぁと後に思いました。

港　時間のスケールをもう少し短く取ってみても、たとえばこの図書館のプロセスもまた、そうした歴史を凝縮しているような気もするんです。

長い間パリに住んでいたので知ってるんですが、たとえばパリのそれぞれのアパートの地下にはいわゆるカーブ、つまりケイヴがありますね。それが他の地下道に続いていたりすることがある。パリの中心部分で使われている石、その昔は近郊の石切り場で掘り出されていたのですが、都市が拡大するにしたがって、それらの石切り場を町が飲み込んでしまった。建築の歴史というのはじつは地下を掘る歴史でもあって、掘った材料の後の空間というのは目に見えませんけれども、その目に見えない空間が上に出てきたもののなかに住んでいるものなんだ、という思いをもってきたんです。だから地下にあった見えない部分が地上にでてきたプロセスに興味がある。

伊東　僕もそのお話をうかがって、本当にすごいと思って、だからパリの町ってあんなにきれいなんだと思いましたし、まさしく建築を造ることのすべての意味がそこに盛り込まれていますよね。

パリにあるウルスカン修道院旧家屋の地下室の様子。パリの地下の建造物ばかりを集めた書籍『Atlas du Paris souterrain』（PARIGRAMME 2001）より©D.BAbinet

柔らかいアーチ

伊東　だからここでも最初はただ岩を掘ったような空間を、地上に持ち上げたらどうなるかを考えた。それを建築化しようとしたときに、それが朝顔のように丸柱からすべての方向に広がっている柱頭になって、さらにそれを造りやすい形式に置き換えたときに、交差するアーチになっていったのです。そのようなプロセスはなにも論理的に考えていることではないのですが、そのようにしてアーチが出てきたのは、とても面白いですね。

港　面白いですね。一見すると、たとえば南ヨーロッパに多いアーチの建築を思い浮かべると思うんですけど、ここでは交差が直交していなくて、微妙にそれぞれ角度が変わっていますから、そういう意味ではアーチの歴史とはやや違う、別の種類のアーチになりますよね。

伊東　最初から、あまり直交はしていなかったのですが、直線で、少しひずんだグリッドをつくって、それでアーチを交差させていた。けれども、それをより柔らかい表情にしていこうということで、直線が曲線に変わっていきました。形式化はされていますが、洞窟のなかのような柔らかさ、自然さが少し戻ってきた印象はあります。

港　地上に出てきたときに作用する論理のひとつが、いま言われたグリッドだけれども、それは硬直した論理ではないですね。柔らかく変換していくグリッド、あるいは創出という言葉がありますが、それがエマージング・グリッドになりますか。

伊東　そうですね。ここのところのプロジェクトはなにか20世紀の建築を象徴するミース（ファン・デル・ローエ）的グリッドをベースにしながら、それをさまざまな形で展開しつつ、そこにあるルールを考えることに興味をもっています。それをとりあえずエマージング・グリットと呼んでいるのです。最初の頃は、やはりアーチという形式が、どうしても古典的なアーチに重なってしまうので、ものすごいためらいがありました、「アーチを使っていいのだろうか」っていう。ずいぶん軽いアーチに結果的にはなったので、それで救われたような気はしていますけれども。

港　まずだれもが気づくのは、それぞれのアーチの幅が違うということですよね。それと下がとても細くて、上に雄大に広がっている、こういったアーチというのはたぶん世界中どこに行っても、もちろん中世の建築を見ても経験できないようなものだと思うんですけれども、このへんのダイナミックさはどのようにして出てきたのでしょう。

伊東　いったんアーチにしてからはアーチらしくないアーチを造るにはどうするかということを、そういった自己矛盾していることを一生懸命考えるのです。そのときに構造家の佐々木睦朗さんが我われのコンセプトを理解してくださって、真ん中にスチールを入れ、その両サイドをコンクリートで被覆することによってひじょうに薄くできる、特に足元はほとんどピンのような、ポイントに近づけることができるように考えてくださって、従来にないアーチが実現したように思います。

港　ヨーロッパの教会のなかに入ったときの重厚感や威圧感はまったく感じないですよね。むしろ軽やかさというか、開放感があります。

伊東　当初考えていたのは洞窟でありながら、地上に出て形式化されると同時に、その形式を逆転させて軽いアーチにしたのですが、そのあたりは論理的に説明がつかないことです。直感的ですね。
港　光がさんさんと満ちている、地上の洞窟ですね。
伊東　現場の頃は「中央部まで明るくなるだろうか」が心配だったのですが、足場が全部外れたらかなり明るかったので安心しました。当初、2階の中央部分に中庭を取ろうかなと考えたこともあったのですが、天井高があるのでかなり奥まで光は入っていくのではないかということで、やめました。結果的にはなくてよかったと思っています。
港　図書館に入って、特に閲覧室に入って座って本を開くと、なんともいえない静けさを感じるんです。最初模型を見たとき、音響がどうかなと。いまでも教会ではよくコンサートが開かれますよね。それは音響がいいからだと思うので、逆に話し声とか、ちょっとした物音が反響するんじゃないかなというのをちょっと思ったんですけど、実際はまったくないですね。

分節から連続へ

伊東　もちろん音響の専門家に簡単なシミュレーションというか、アドバイスはしてもらいました。だいたい大丈夫じゃないかといわれていましたけれども、でもそれもすごく心配で、来てみて安心しました。
我われは従来から連続する空間、壁で分節されない空間をいつもめざしてきたのですが、今回は、アーチによってある程度分節された空間です。ですから連続するといってもユニット、空間のモジュールが割合はっきりしているので、その切れ具合とつながり具合とが、うまくバランスするだろうかがもっとも重要なことでした。そこがうまくいけばこの建物は成功したといえるし、それが思ったよりも切れてしまったり、思ったよりつながりっ放しだと、この建築の良さは出ないだろうと思っていて、そこをいちばん気にしてました。
それに対して家具の藤江和子さんがとても大胆というか、いい提案をしてくださいました。
港　分節された空間を連結してゆくだけでなく、それを曲線によってつないでゆく、ひじょうに有機的な感じがします。
伊東　僕らのほうが分節された空間を意識しすぎていたきらいがあって、藤江さんがそれを勢いで貫いていく提案をされ、最初は驚いたのですが、結果的にはとてもよかったと思っています。
港　建築全体のなかに、すでに地下から地上に上がってくるという垂直の運動があったわけですけど、今度は別の運動が生まれたわけですね。
伊東　今度は水平方向の運動にそれが変わっていったわけですね。
港　閲覧室はいわゆる公共図書館の直線的なグリッド配列とは異なって、円形であったり、曲線であったり、そういう書架になっています。
伊東　そうですね、しかも藤江さんの提案によって、一般図書をかなり凝縮して集めて、この大学の特徴である大きな美術書がゆったりと低い書架に収められています。それがこの空間をうねっているという、全体としてそれは読みやすいというだけではなくて、この図書館の特徴にもなっているし、美術大学の図書館というシンボル性をそこでも体現してくれることになりました。

港　しかも単なる形式としてのシンボルではなくて、実際に動きを生み出すシンボルですよね。このように本が配置されたせいで、やはりここを使う人間の動き方が変わってくるでしょうし、思いもしなかった発見が生まれるかもしれない。たとえば目的の本だけでなく、そこへ到達するまで寄り道して別の本が目に入ったりするような、いままでになかったようなダイナミックな本の配置になっていると思いました。

伊東　それは2階もそうですし、1階の雑誌のコーナー、ブラウジングのところもそうです。このブラウジングとAVバー、あの部分は鈴木明さんがかなり最初から、ああいう場所がひじょうに重要だということを力説しておられました。僕も雑誌の書架はテーブルトップがスロープに平行なので、ひじょうに心配だったのですが、峯村敏明前館長が「これは面白いね」と言ってすすめてくださいました。実際にあのカウンターはスロープをもっとも意識できる場所になりすごくよかったですね。感激しました。

生活空間としての図書館

港　鈴木明さんが提案したバーやカウンターは、移動しながらブラウジングするところも画期的ですね。いわゆるブラウジングというとデスクトップの前に座って、コンピュータ画面上で不動の姿勢でというのが定着しているけれど、ここでは足を使った移動がブラウジングの基本ということが重要だと思います。

伊東　あそこは床がコンクリートということもあって、床に寝っ転がるというのはなかなか難しいと思うので、ゆったりとくつろげるデザインの家具が実現してほっとしています。

港　旧図書館と変わったところのひとつは、閉架書庫がガラスをとおして見えるというです。これはとても大きな変化だと思う。

伊東　我われも既存図書館の閉架書架を見て、こんなに立派な本がたくさん埋もれていることにかなりショックを受けました。ですから新しい閉架書架は一応物理的にはさえぎられても、視覚的にはひとつの空間なんだということを強調したかったのです。

港　「閉架」というぐらいですから文字通りクローズされていて、通常はほとんどの図書館でも見えない部分だと思うんです。本が見えるということ、図書館にとってパースペクティブがとても大切なことなんだと知らされます。

伊東　パンフレットを見ると、閉架書庫内のテーブルやデスクも気楽に使えるようですね。僕も閉架の南側にあるデスクが気に入って、もう少し自分のオフィスから近かったらここに逃げ込むのになと思いました。自分の書斎でしか原稿の書けない人間ですが、ここだったら大丈夫だと思いました。

港　それでは今度伊東さんに長い原稿をお願いしたときは、ここを（笑）。両方向が抜けていて、片方に樹が見えて、反対側には風景が見える。こういう図書館はあまりないんじゃないかと思います。

図書に限らずここはDVDやCDなど、いろいろな電子メディアがたく

さんあります。いままで伊東さんが世界各地いろいろ旅行されて、そういった意味の「記憶の貯蔵庫」でなにか印象に残っている場所はありますか。

伊東　やっぱり図書館というとすぐ頭に浮かぶのはパリのビブリオテーク・ナショナル、前のフランス国立図書館（編集註：Bibliothèque nationale de Franceのリシュリュー通りにある旧館。1875年に完成した建物で設計はアンリ・ラブルーストとジャン=ルイ・パスカル）ですよね。あの空間はやっぱり美しいし、その時代の先端技術であったスチールで造られていて、写真でしか見たことがないのですが、スチールでこんなにエレガントな空間ができることに驚きました。ある軽さを感じるし、たぶん今回もアーチというエレメントを用いることが決定されてからは、我われのチームのなかで共通に、あの図書館をいつも想い浮かべていたのかもしれませんね。

アーチという古典的な形式を用いながら、それを知の空間として最先端のテクノロジーによって軽快かつエレガントにつくり上げた、という意味で素晴らしい建築だといつも思います。

あとは僕自身が体験した建築で思い出すのは、アルヴァ・アアルトのヘルシンキの図書館です。あそこはほんとうに温かいというか、スケールがすごくアットホームですよね。

港　やっぱり自分の家のなかにあるという、そういう感じですか。

伊東　ほんとうにそうなんですよ、家の書斎みたいな、そういうスケール感でできてますね。

港　生活空間としての図書館ですね。この多摩美の図書館はそれらふたつを、ある意味で兼ね合わせ、あわせもってるような印象をちょっと受けるんです。

伊東　そうですか。僕は家具が入って初めて2階に上がったときに、ずいぶん家具のないときの状態と印象が変わっていて、なにかちょっと自分でいうのは変なんですけれども、ルイス・カーンの建築を思い出した。ルイス・カーンはだれもがすごく尊敬していて、これ以上の建築はないという人が多いのですが。

港　映画もできましたね。

伊東　そうですね。でも僕はカーンという建築家をほとんど意識してこなかったので、今回「あれ？」っていう感じでしたね。たぶんそれは、分節する感じ、モジュールというか、ユニットというか、そういう静的な意識がちょっとあるのかな。それは僕がふと感じただけのことですが。

港　でも面白いですね、そういうふうに建築のなかで、たとえ個人的であれ、思わぬ人に出会うというのは。

伊東　むしろ「やばいな、これは」という印象ですが。

港　建築にも無意識があるのかな。

伊東　いろいろありますね、思ってもなかったようなことが、フッと現れますね。今日あらためて体験して2階はたぶんほとんど問題はないだろうと思いました。あとはこの1階部分をどんなふうにこれから使いこなしてくれるかです。すごく楽しみでもあり、まだ心配でもあることです。

港　この空間だからこそ生まれる知覚や表現があると思います。たとえばスロープであるが故に身体がそういうふうに動いてしまうというパフォーマンスや、傾斜空間で開かれる展覧会ですね。その最初の試みが、伊東さんの展覧会になります。

伊東　そうですね、なにを床面にどのように展示できるかという問題ですよね。自分で提案したことへの模範解答をまず自分で示しなさいということですね。頑張ります。

（2007年4月20日　多摩美術大学図書館にて）

[arch-text 2]

本の楽しみ

──意識の路線図

青野 聰

知識は、得れば得るほど不足していること、欠けていることがわかる。
もっともっとと欲がでて手をのばす、その手の先にはだいたい本がある。
読むことで、またつぎの本が読みたくなる。
さて、なにを読みたいんだろうか?
ずらりとならべられたなかの一冊に手をさしのべ、
ざっと目をとおして元にもどし、別の一冊へとうつっていく。
そのうちに、こういう本をさがしていたんだ、
と予期しなかった発見があって出会いを喜ぶ。
また、ある一人の作者の著作物、
たとえば個人全集を徹底して読みつづけ、奥をきわめる読み方もある。
そしてまた、ある本を読んでそこに引用されている別の作者の文章に喚起され、
知的誘拐にあったといおうか、招かれるままに読書を中断して、
とるものもとりあえずその文章がのっている本を
さがしにいくということがある。
それからまた巻末の参考文献のなかから、
つぎに読む本を決めるという読書法もある。
そうやって決めたにもかかわらず、目的の本にたどりつくまえに、
跳ねおどる好奇心にまかせて、
わき道へわき道へとそれていってしまう読書の旅もある。
つぎの本、を手にとるにいたる過程はいろいろあるということだ、
図書館の秩序はそのどれをも受けいれる。
その秩序は、はてしなく大きな原生林の森によく似ている、
もしくは脳の宇宙に。われわれはまだそれぞれの原生林の、
入り口をほんのちょっとはいったところにいるにすぎない。
そこはだれでもがとおるありふれた通路だ、
目をさらにしたところで、
いまさらあたらしい収穫はない。
本を手にとろう。

ひらく頁の一枚一枚が脳の細胞だ、
頁をくるごとにつぎの細胞へとうつっていく。
流れに乗っていればよいので、受け身でいられる。
読み終えたあとである。本をとじたらこんどは、
つぎの本とのあいだに跳びこえるべき隔たりがある、
ちょっとした労力がいる。
光のとどいていなかった原生林に、
そうやって一歩一歩わけいって道すじをつくって、
灯をとりつけていくのである。
奥はどこまでも深く、道すじのつくり方は多様である。
すすんでいきさえすれば路線はひらかれ、行き止まるということはない。
なめらかにすすめず困難を感じたら、
飛躍することだ、そうすればなんとかなる。
独創性とは、しばしばこの飛躍をいう。
ひとたび灯を設置したら、
あとはスイッチひとつで原生林の闇に灯がともる。
自分が住んでいる街の夜を空からみたようなぐあいだろうか。
それともクリスマスツリーのようだろうか。
だいじなのは、つぎへ、そのつぎへと本に手をのばし、
意識の路線を切りひらきつづけること。
乗りかえはじっさいの乗り物とかわりない、
駅がそうであるように、そこだけは自力で歩かなければならない。
好奇心と知的な欲求にささえられた乗りかえる意志と、
歩く体力、それがありさえすれば世界のすみずみにまで
瞬時に達することができよう。
スイッチをいれたときの光景は、どうなるだろう、
東京の夜を上空からみたぐあい、
さらに地球の夜のよう、ということだってありうる。

あおの・そう（小説家）

本の存在

皆川魔鬼子

2007年4月、大学の図書館とは思えない簡潔で軽快、
かつ明るい多摩美の図書館が完成した。
新緑の景色と一体化した開放的な美しい空間は、
開架式で、読書をするというより、
欧米の広大な個人の書斎、を訪れた感がある。
学生達は今迄になく、小脇に図書館の本を数冊抱え、
誇らしげにキャンパス内を闊歩している。
彼らが自信ありげで美しく見えるのは気のせいだろうか。
本の存在は、昔から人にとって知的なグッズであった。
単に情報収集ならグーグル検索でよいかも知れないが、
本の存在があるだけで人を豊かに成長させて見せる。
本が与える知識は人生に不可欠なもので、
それは永遠に継続するように思える。
私が大学生の頃、
先生は蔵書の重い書籍を風呂敷包みで持参され、
授業の資料として見せてくださった。
一見することは講義に耳を傾けるよりも
未知の世界の知識が得られ、
胸がわくわくした。
先生によっては日本の染織や文様意匠の
古書であったり、洋書であったが、
とりわけ外国の写真集は装丁、印刷も美しく、
世界の様々なリアルタイムの情報開花で
創造のアイデアを膨らませたものだった。
今も当時を思い出すと重く貴重な書籍を授業の度に
よく持って来てくださった、
と今頃になって申し訳なく思う。
きっと図書館の所蔵本が当時は少なく
大事な蔵書を見せてやりたい、と思われたのだろう。

手に入れる事が困難な書籍はやはり希少で、
宝石に値するようなものかもしれない。
身体の内面あるいは表面を満たすか、
いずれも磨きをかけたものに光沢がある、
という意味で共通の価値を感じる。
通常図書館は資料を探すときは訪れるが、
落ち着いた時間を楽しむときには行かない。
やはり家の中に常時本が沢山あり、
すべてお気に入りで
壁が埋め尽くされていなければならない、
という思い込みが私にはある。
本は近い将来不要に、という見解もあるが
私は欲しい本を見つけると手に入れたくなってしまう。
単に読書のためだけでなく
心や生活を豊かにするための必需本も存在するのだ。
以前、アフリカの美しい赤土と人々の写真集に魅せられ、
現実に同様の世界が直ぐ体験できるものと
マリの国を訪れたことがあるが、
一瞬の時を切り取った本に対抗できる
場面には遭遇できなかった。
本はベストなひとときを提供してくれるのだ。
勿論写真家、ADも含めての本を意味するのであるが、
完璧な本の世界は自然をも超越してしまう。
そのような本には、現実を超えていると実感することがある。
今回、この良い環境の図書館で
様々な本と対面できる学生は、
実に家の中よりもくつろいだ状況で
知識を得ることが出来る稀に見る幸せな人々で、
この経験は一生記憶に残ることは間違いない。
本自身がこちらを向いて手招きをしている訳だから、
思う存分楽しみ活用し、
日々の創造に役立てて欲しいものである。

みながわ・まきこ(テキスタイルデザイナー)

Beethoven
マーラーの生涯
モーツァルト
サウンド・オブ・ミュージックの世界
ショパンの手紙
エリック・サティ 覚え書 秋山邦晴
エリック・サティ 覚え書 秋山邦晴
ブーレーズは語る
イヴェット・ギルベール
ラヴェル
ドビュッシー
クロード・ドビュッシー
PAUL HUME
VERDI
ホロヴィッツの夕べ
ストラヴィンスキー
わが友ショスタコーヴィチ
グレン・グールド発言集
アーロン・コープランドのアメリカ
ラプソディ・イン・ブルー
世界の楽器百科

Printing
BERLIN

わたしを日本へ導いた一冊の書

タイモン・スクリーチ

今日でもあの日の出来事をよく覚えている。

14歳だった。

ひどい風邪をひいて学校には行けなかった。

わたしは両親の書斎の書棚から1冊の本を取り出した。

まあ、当てずっぽうに、である。

手垢が染みついていた。

表紙には金色の4文字が。

何と書かれているのやら、ちんぷんかんぷんだった。

背表紙にも金打ちされた文字、The Tale of Genji by Lady Murasakiが。

表紙の内側に認められる出版年は1935年。

これは1925年に初版が出版された

アーサー・ウエーレーの偉大な翻訳の第二版だった。

イギリスの田舎に住む両親の小さな家の書斎から

この本を抜き出したのは1975年であったから、

最初の英訳が出版されてから50年たったときのことだ。

わたしは今年44歳、これはまさに30年前の出来事なのだ。

今年この出来事を思い起こすのは悪くはない。

正確な著作年代など分からないが、

石山寺の言い伝えによれば、

本年は、源氏物語が書かれて1000年目に当たるからだ。

源氏は長い。

正直なところ、最初は英訳でさえ、最後まで読み通せなかった。

しかし、そのとき読んだ箇所はよく覚えている。

それはわたしをまったく未知の世界に導くものだった。

わたしはラテン語を勉強していた。

ヨーロッパの歴史と中近東の歴史については少しばかり齧っていた。

しかし、日本を紹介されたことはそれまでただの一度もなかった。

読み進めるとき、多くの発音の間違いを犯していた。

主人公の名をゲンジではなく、ジェンジと発音していた
――もっとも英訳ではだれでもがそう発音したのだが。
わたしはこれを境に、日本に関する書物を読み耽り、
やがて日本語を学ぶようになった。
最初は個人的なレッスンで、次には大学で。
そしてついに英訳本の表紙に認められた4つの字が
「源氏物語」であることを知るに至る。

わたしは物語全体を読んだ。
そして以後、わたしは数え切れないほど、この書物に言及している。
たまたま手にした1冊の書物、
しかも部分的にしか読んでいなかった書物が
わたしたちの人生航路を変える。
考えてみれば不思議なことだ。
現在、ウエーレーよりも正確だと評される英訳が2冊出版されているが、

わたしはいつもウエーレーのThe Tale of Genjiを大切にしている。
この本がぼろぼろになりはじめたので、修復してもらうことにした。
修復屋は、「それほど古くはないのだから、修復に金などかける
価値はありませんぞ」と忠告してくれたが、
わたしにとってはそれはレアものだった。
どんなに金がかかろうと、修復に値するものだった。

（秦 剛平：訳）

Timon Screech（江戸文化研究・ロンドン大学教授）

M2

返却日 6月 4日

非線形図書館

中沢新一

人間の知識には、
線形的な知識と非線形的な知識との
二つの種類がある。線形的知識は、
言語の深層構造によって
決定される時間と空間の秩序にしたがって、
経験を組織立てる知識のかたちである。
言語の深層構造には、
主体と客体の分離がセットされているために、
この型の知識は対象を分離–分析したうえで、
その分離された断片をできるだけ
外部からの影響の及んでこない
「閉じられた（コンパクト）空間」の内部で組織立てる。
その結果、現実の世界ではなかなか実現されない経験の
線形的配列が、可能になるのである。
そこでは知識は基本ユニットの反復的集積体として構築される。
位相空間としてこの型の知識をなりたたせている原理をあらわせば
ハウスドルフ空間であり、建築で代表させればバウハウスであろう。
非線形的な知識はこれにたいして、
非アリストテレス型の対称性論理で作動する
無意識–直観的知性によって、経験を組織化する。
部分が全体から分離されないために、
個体の同一性はつかのまの現象でしかない。
この型の知性は同一性ではなく、
運動性・差異性によって働き、
諸断片をアナロジーの原理にしたがって結合する。
主–客の非分離、全体–部分の非分離、
諸対象間の非分離など、
位相空間論のいわゆるザリスキー空間としての特徴をもつ。

体系は外部に向かって開かれ（非コンパクト性）、
たえず体系の外と内から
ヘテロジニアスな力が流入してくるので、
これを数学的モデルでは複雑系、
フラクタル、マンダラなどで、
近似させることができる。
始点–終点をもつ基本ユニットの反復形をとらないために、
動物の住み家や自然の形態に
その実現形態を見いだすことが多い。
人間の知識はこれら二つのタイプの
「バイロジック（複論理）」として構成されるものであり、
それを空間として現実化した図書館においても、
この複論理性は再現されている。
つまり図書館を、脳内トポロジーの空間化として
理解できるのである。
検索と貸し出しは線形性の論理で組織化されるが、
読書行為そのものは
典型的な非線形プロセスによって実践されている。
奇妙なことに、今日までに実現された
図書館の建築のほとんどすべては、
線形的な思考でつくられてきた。
それによって建築自身が、
人間の知識の構造と図書館のコンセプトに潜在する
複論理性を抑圧してきたのである。
それゆえ伊東豊雄氏の今回の建築によってはじめて、
図書館そのものの空間構造に非線形性が導入され、
人間の知識の複論理性に
正確な空間的表現があたえられることとなった。

なかざわ・しんいち（人類学者）

新図書館に魂を吹き込む者

峯村敏明

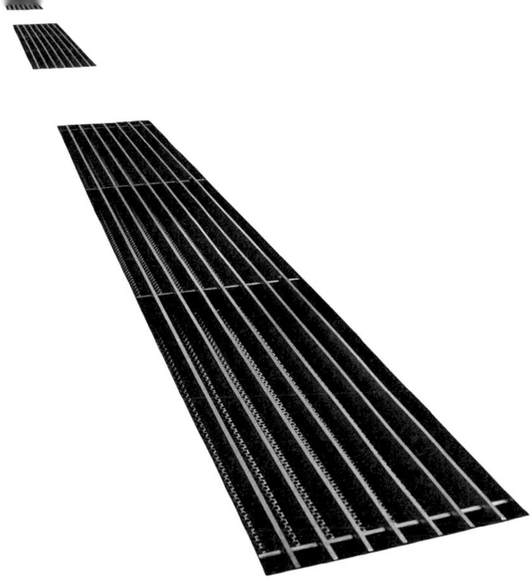

よく知られるように、イタリアのルネサンスは
ウルビーノ公がエジプトのアレキサンドリアから
ギリシア以来の文献を大量に買い集めてつくった
図書館を抜きにしては考えられない知的覚醒現象だった。
そのルネサンスの成果などを収めた美術館を
焼き討ちにしろと呼号し、
伝統のくびきからの脱却を訴えたのは
二十世紀、同じイタリアの未来派の面々だったが、
皮肉にも、その未来派こそが、
他のどんな動向にも先んじて
独自のアーカイヴづくりの対象となったのである。
第二次大戦後のもっと過激な反歴史主義集団であるフルクサスにも、
似た逆説が待ち受けている。
美術館が滅びても(そんなことはありえないが)、
図書館やアーカイヴ(文書・資料館)は必ず生き残り、
歴史の請負人としての役を果たすよう、
人間の生存への意志そのものが要求しているのだと思う。

その「図書館」だが、名のとおり、
図(画)と書(物)を収集・保管・活用するための施設である。
西洋から借りた翻訳概念ではない。
「河図洛書」(かとらくしょ)といって、中国の神話時代、
黄河の霊馬に現われた瑞兆を写し取った絵と、
洛水の神亀に現われたそれを書き取った文が、
ともに善き時代の吉祥とされることにちなみ、
そこから図書という言葉が生まれた。
「図書館」は、だから、初めから地図や挿絵や
図案を含む図画全般と、言語による
人類の思考・事績の記録を二つながら蓄えるものとされてきた。

つまり、その両側面を見失うと、
善き時代、善き世態の表徴たりえないわけである。
さいわい、美術大学の図書館は、成立ちの条件からして、
絵と文の両面に目配りする体制になっている。
原理はそのとおりなのだが、
両分野をそれぞれ深いところで満足させるとなると、容易ではない。
他大学や地域の図書館と連携協力していかないと、
個々の大学が単独ですべての要求に応えることはむずかしい。
多摩美の図書館は、文芸書への要望を橋本や相模原の
地域図書館に肩代わりしてもらうという選択をしている。
逆にいうと、芸術書や関連する思想・哲学・歴史の分野は、
新館の稼動とともに格段と充実させ、
学内だけでなく外部の要望にも応えてゆくようにしなければならない。
事実、今後十年、その方向で飛躍的な前進が図られる
だろうと私は信じている。
あとは学生がどれだけ活用するかである。

絵にしろ文にしろ、いいものには何分かの毒がある。
レポート制作のためのお利口な勉強にだけ
図書館を利用するのはもったいない。
毒に当たるくらい耽溺した方がいい。
その毒を中和し、より高いレベルに前進させてくれるのも、
さらなる読書のはずだ。
猛烈に読む人は、辞書を引く間も惜しむから、
しばしば漢字の読み方を間違える。
私の学生で、是々非々の読みを「これこれひひ」と
覚えていた優秀な子がいた。
そういう知の猛者が
新館に魂を吹き込んでくれることを願っている。

みねむら・としあき（美術評論家）

書物という形は夢想を誘う

松田行正

「書物は建築である」(港千尋『文字の母たち』インスクリプト)。
ヴィクトル・ユゴーは『ノートルダム・ド・パリ』のなかで、
ノートルダム大聖堂を「石の書物」と呼んだ。
聖書のなかの物語や聖人の人生がレリーフや装飾という形で、
大聖堂の壁を、柱を飾っていたからだ。
もうかれこれ7〜8年前になるが、
公共建築物のサインの仕事を頼まれたことがあった。
サインの仕事ははじめてだったので、
とっかかりをどこに求めていいのか当初困惑してしまった。
が、建築物も本と同じだ、と考えたら一気に楽になったことを覚えている。
つまり、扉があって目次があり、章扉がきて本文がはじまる。
ときどきコラムもあって、
本の構成をそのまま建築物の動線に置き換えて考えてみたのだった。
ユゴーとは逆の方向によるアプローチのように思える。
20世紀初め、建築家のルイス・サリヴァンの
「形は機能に従う(form follows function)」という一文は、
シンプルを基本とした1920〜30年代の
建築の中心概念の一つとなっていった。
が、書物こそ、歴史をひもとくと、
形が機能に見事に従ってきたことがわかる。
粘土板などもあったが、東洋も西洋も、
書物の出発点はまず巻物。
東洋は木簡を紐で繋げて丸め、
西洋ではパピルスを適当に貼って丸めた。
ここから「ページ」という考え方もでてきたが、
西洋では、パピルスは折るのも、
糸を通すのにもあまり適していなかったので
必然的に丸めることとなったようだ。
もちろん一面にしか書けないあくまでも二次元の存在である。
そして、羊皮紙が現れて、折り曲げたり、糸を通すことが容易になり、
冊子形態を導き出したとされている。
この羊皮紙登場にもドラマがあった。
紀元前2世紀ころ、オリエントにあった
アレキサンドリアとペルガモンの図書館では、

巻物の蔵書量合戦が行われていた。
その蔵書量でペルガモンが優位に立つと、
大人げないアレキサンドリアは巻物のもととなるパピルスの輸出を禁止した。いじめである。
あわてたペルガモンは、パピルスの代替物として、
羊や山羊の皮から羊皮紙をつくった。
必要は発明の母である。

冊子形態の伝播にも、
キリスト教徒による反ユダヤ教意識がバネとなっていた。
ユダヤ教は、かつても今も聖典は巻物(トラー)。
冊子は前述の羊皮紙の開発後、いろいろ試しているうちに生まれた。
キリスト教徒は、持ち運びしやすく、
ページを繰って読みやすい冊子こそ、
キリスト教普及のためのツールとして最適だと考えた。

なにしろ、読むためのあらゆる機能が
ユダヤ教御用達の巻物を陵駕していたからだ。
これが現在のユダヤ教とキリスト教の普及度の差となって現れたと思えるが、
こうして二次元から三次元の形態を得た書物には、
それまでの巻物とは全く違う、新しい概念を纏った物体として現れた。
それは立体物としての方向を手にしたからだった、
あたかも建築物のように。

世界のミニチュアのような言い方だが、
書物には、天と地(上と下)、小口とノド(手前と奥)、背(後ろ)がある。
そして、何よりも重要なことは両面に文字が書かれていること、
つまり表と裏が、ページを繰ることによって瞬時に入れ替わるしくみである。
羊皮紙の発明も、冊子の普及にも一筋縄でいかない人間のエゴが絡み、
冊子自体にも世界を縮小したようなイメージが発生した。
これをうがって考えると、

冊子型の書物には、
誕生段階からオブジェ性が付随していたといえる。
これは、機能に従ってできあがった形のはずが、
その形ゆえに夢想(妄想)が発生したといえないだろうか。
これをサリヴァン風に読み替えてみると、
「形は夢想に従う(form follows fantasy)」。

まつだ・ゆきまさ(グラフィックデザイナー)

神保町

佐藤晃一

私の仕事場は本郷にある。
このあたりは明治の頃から印刷所や
小さな製本工場などが多い土地柄で、
今でもよく残っている。
しかし事務所をここに決めたのはそのためではない。
大学を出て銀座の会社に勤めるのに
便利だったので住みはじめ、
会社は２年でやめてしまったが、住めば都で37年、
同業者もいないのでのびのびとやっている。
「どうして本郷に？」と聞かれることがあるが、
「無精でねェ」では答えにならないので、
そんな時は「神保町に近いので……」
などと言うことにしている。
私はまったく読書家ではないのだが、
仕事柄どうしても本が溜まってしまう。
物をたくさん所有することが嫌いな私としては、
毎年暮れになると本郷三丁目の古本屋に電話をし、
その年に溜まった本を持って行ってもらう。
そして年が明けてしばらくすると
その主人が来てなにがしかの現金を置いてゆく。
これが私のお年玉なのだが、数万円になることもあるから、
毎年かなりの本を渡していることになる。
つまり私はあまり本を持っていないのだ。
だから「神保町が近いので……」というのは、
その街全体がまるで自分の書庫であるような
気分を言っているのである。
しかし実際に神保町に行くことはめったになく、
安心感だけ、というのが本当のところだ。
先日はひさしぶりに神保町に行った。
私のような者でもこの世界一という古書店街に行くと、
ちょっとした植草甚一になってしまう。
ブックデザインの仕事もしているので
一般の書店の店頭は時々覗くが、
新刊書は商品そのものであり、ギラギラと生々しい。
まるで動物が並んでいるようである。
そこへいくと古本屋の本たちは
秋の野のように涼しげだったり、
枯れた芝生が冬の日差しを
浴びているように見える。
若い頃は絵や写真などの図版をあさるのが楽しみで、
天体写真集や医学関係など
およそアートとは関係のない分野の本の山の中に、
何か新しい宝物が隠されているように思い、
手当たり次第に開いたりしていた。
しかし先日行ったときの私は昔と違っていた。
私が興味をそそられたのは絵や図版ではなく、
文字の方である。
江戸期から明治にかけての木版刷りのものは
工芸的な味が強すぎるが、
戦前の金属活字、
なかでも明朝体に組み込まれたひらがなの形と
その組み版全体の姿がとてもよい。
ノスタルジーであり、レトロであり、
退行的であるかも知れないが、
この文字の景色をながめるのが今はとても好きである。
一般的には活字は記号であり死んだ文字であると教えられ、
手で書かれた文字が人格を表わし、
それが芸術であると考えられているのかも知れない。
私は書を見ることも好きだ。
しかし、日本の活字で組まれた古い本の１ページ、
漢字かな混じり文として組まれた平面を
まるで航空写真のようにながめていると、
書家の文字や個人のアーティストの
作品では味わうことのできない、
とても太くて長いものの一端に
確かに触れているという幸福を味わうのである。

さとう・こういち（グラフィックデザイナー）

2. 触発する内部空間

家具はもっとも身体に近い建築

家具はもっとも身体に近い建築

藤江和子

私は「中野本町の家」(1976年竣工)以来、伊東豊雄氏の建築は数多く拝見してきた。

なかでももっとも印象深いのは、「都市のなかの公園」というコンセプトに、そのうえ「家具だけで場所をつくった」と表現された「せんだいメディアテーク」の透明な建築である。建築と家具と人の明解で新しい関係が実現され、市民の活動のいきいきとした様に出会ったとき、それまで体験したことのない心地良さを感じたのだった。このせんだいメディアテーク・コンペにおいては、私は古谷誠章/NASCAチームに参画して、建築と家具の関係や新しい使い方のスタディをくり返して、新しいメディアテークを模索した経験があった。そしてこのスタディの蓄積は、1997年ギャラリー間「藤江和子の形象—風景へのまなざし」展で、テーマを「いきいきとした人々のいる風景」とし、家具に向かう姿勢を固める礎になっていった重要なコンペであった。

いきいきとした風景とは、ともあれ人びとが規制を受けない自由のなかにあること、そして単に予定された行動をトレースするのではなく、予期していなかったものに出会ったり発見をしたりする予定外の体験の積み重ねが私たちの生活に活力をもたらすのではないか、そして人びとの自発的で知的な好奇心が、本や情報だけでなく、家具や建築や外部の風景に触発されて、次の新しい好奇心を生むという知的な連鎖が派生するような、建築計画としての家具の在り方が重要なのだと考えていた。

この「せんだいメディアテーク」以後の思考は、茅野市民館(2005年竣工、建築設計:古谷誠章/NASCA)図書室で小規模だが実現している。JR架橋からつながる長いスロープと、細長く天井の高いきわめて特徴的なガラスの空間において、環境、建築、家具、人、情報が重層しながら凝縮し活性している。市民も旅の人もウインドウショッピングするように斜路を往来して、気軽に立ち読みしたり、本の向こうに人の気配や思わぬ興味を誘う本を見つけられるようにと書架を低く押さえ、たくさんの隙間を生むデザインをしたことは、この透明な空間が豊かな周辺の自然との一体感を得るように意図したものであり、家具デザインの重要な与件であったことはいうまでもない。

このような図書館家具設計の実務の経験とは別に、私は2002年以来、多摩美術大学の環境デザイン学科において建築と家具をテーマにした課題を通して、学生たちの根底にねむる純粋で自由な感覚を引き出すことはできないかと考えてきた。また、キャンパスをめぐる自然環境や、学生たちの日常の仕草や生活の様に目を向け続けてきたことが、新図書館の家具を提案するにあたって、幸いにも、下地つくりとなっていたといえるかも知れない。

710
彫刻
高村光太郎彫刻全作品
CALAME
EVA HESSE
CRAFTS
AVRAMIDIS
木喰の彫刻

1
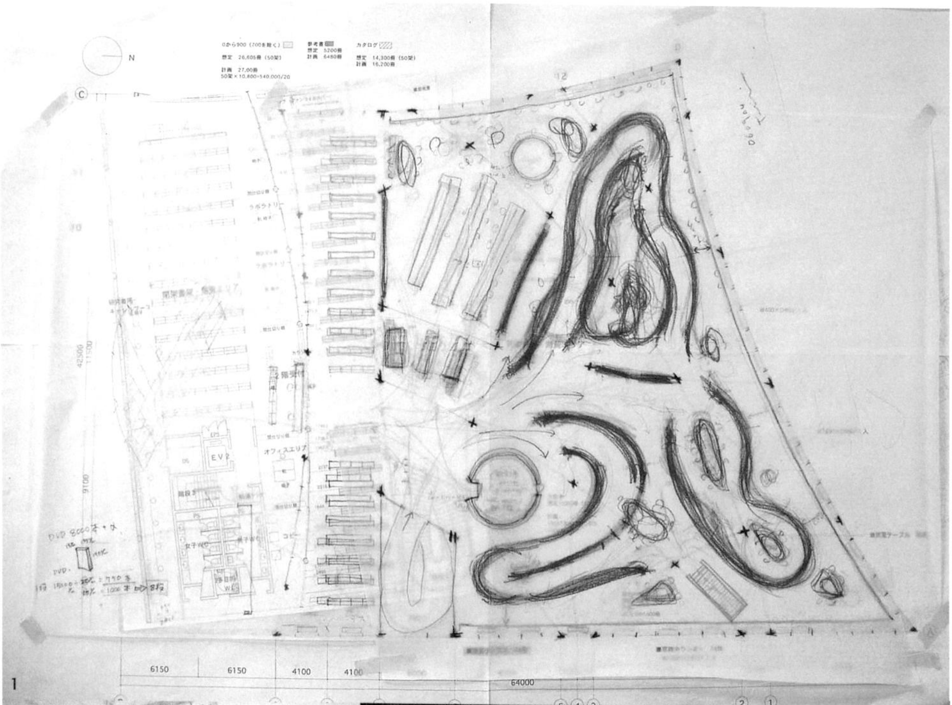

2
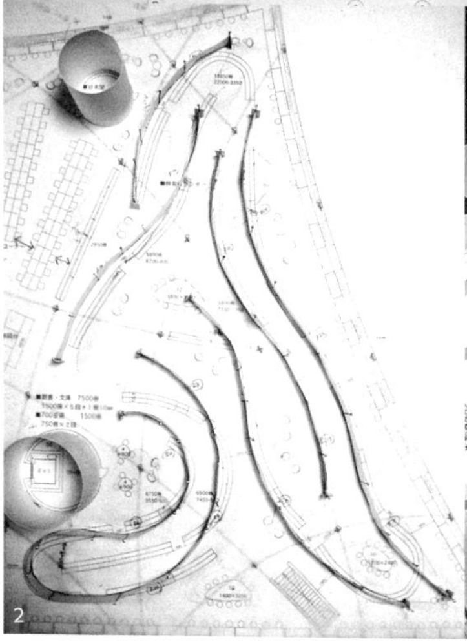

3

4

1　2階書架の全体レイアウトのイメージスケッチ
2　2階の書架検討のスタディ模型。要求された収容量を満たす書架の総全長から割り出したリボン状の帯を作り、それを切り貼りしながら書架の配置を検討した
3　空間を把握するために内部空間の模型を製作。ひとふで書き案のマグテーブルの模型を配置してみる
4　1階の配置を検討する藤江。この時点で、一連だったマグテーブルは分裂させた案になり、映像ソフトをブラウズするカウンターテーブル（メディアバー）が、傾斜した床の上に水平に存在する案が出ている。後に「メディアシート」と呼ばれる個人で映像ソフトを鑑賞する椅子の構想やラウンジソファの構想もすでにあったことがみえる

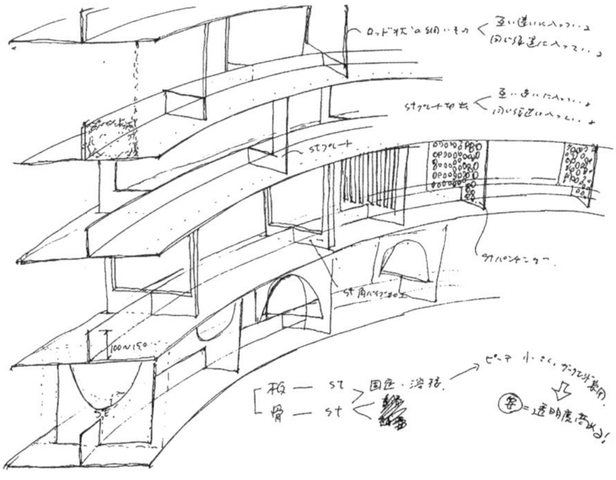

5

6

7

8

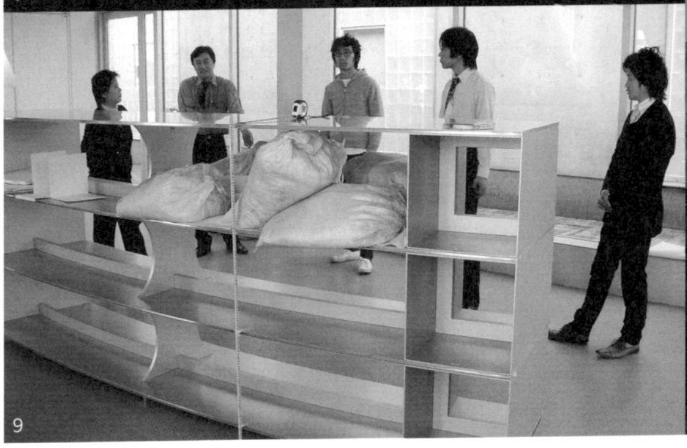

9

10

5　スチールを素材にした書架の検討案。実際はアルミハニカムとなった
6　計画が具体化してくると、書架の原寸大の模型を製作する。模型はさまざまなスケールのものを作りながら検討していく
7　アトリエのオープンデスク（学生がインターンシップ的に実際の職場でアシストの仕事をしながら、デザインの実際を学ぶ）には多摩美の学生たちも現れて、書架の模型製作に参加した
8　1/10の曲線書架の模型各種。透過性をよくするためのボックス形状、方立て形状、そして書架自体の高さが模索された。この図版は模型を撮影した写真に人のイメージをはめ込み合成したもの
9　YKK R&Dセンターにて伊東事務所、藤江アトリエ、書架製作の丸善そしてYKK、照明製作の各担当者が一堂に会してのモックアップ検査。たわみの確認をしているようす
10　藤江アトリエにて伊東事務所担当者、鈴木明氏を交え打ち合せ中の藤江。原寸大書架に実物の照明のサイズをあててリアルに検討する

真夏日の続く夕刻、現場事務所にうかがった。担当の伊東豊雄事務所中山英之氏から建築模型でプロジェクト全容の説明を受けたとき、なにかがしみ出すように穏やかで緩やかな衝撃を受けたことを思い出す。連続するアーチに軽やかな旋律と少し懐かしい雰囲気を感じていた。しかしそれは、それまでに見たことのない空間だった。

早速、アーチ型が連続する空間模型を作って頭を突っ込むようにさまざまな方向から覗き込んだが、こうしてその後かなりの時間を模型と向き合うことになった。

建築は一見シンプルであるといってよいかも知れないが、図面で知ること以外に、模型によって初めて発見することがたくさんあった。連続するアーチを抜けて動き回ると、平面図上の理解と体験的に頭上に感じる空間の形に少しずつずれが生じながら全体が流動的に常に変化していく。初めて体験する心地よさは、自分の動きに呼応し流れるように変化する空気に包まれていて、空間が変形し、生きているようだった。移動する視線は、アーチに切り取られた頭上の形を常にゆがめながら新しい空間を伝えてくれて、クラシックなモチーフの学習との間に生じるギャップが少し刺激的だった。人に語りかけてくれるような建築の特徴を損なわない家具のあり方を見つけなければならない。経験したことのない新たな課題であった。

新しい図書館の蔵書30万冊のうち、アーチが連なる開架閲覧エリアに10万冊分（後に増えて12万冊余／芸術本中心）の書架配置が与条件としてあった。

家具計画にあたり、まずは伊東事務所が建築計画上の予見としてレイアウトされていた書架総量を手がかりに、じつにさまざまなタイプの書架配置案を、考えられるすべての可能性を検討した。しかしどれも建築模型を覗き込んだときの感覚にどこかフィットするものではなかった。本を探しながら気ままに移動する自由、この自由な感覚をそのままになぞると、やがて一筆書きの動線が重なり、交差してプロットされた。欲求に倣ってリボン状の書架が連続し、その流れの間のあちこちにテーブルや椅子やベンチを点在させる。書架は立ち居目線より低い3段程度の箱と板の積み重ねという単純な構成とし、低く軽やかな書架によって人の動きを緩やかに制御し誘導する。この連続する書架がアーチ空間を体験するインターフェースのようになれば、初めて模型を覗き込んだときに発見したあの感覚を共有できるのではないかと、ようやく気がついた。このときがメディアテーク・コンペでも茅野市民館図書室でもスタディしてきた新しい図書館の姿を初めて確信した瞬間であった。

この自由な一筆書きラインは、無数の曲率を含んでいるから生産性という点ではまったく不都合であり、きわめて短期間の製作工程とコストの合理化実現のためには曲率の種類を整理微調整するプロセスは絶対に必要で、また相互に影響しあう蔵書数と書籍配架分類や書架総延長そして曲率との綿密な調整設計に膨大な作業を要するものであった。

いっぽう、建築をすり抜けるような家具だけでなく、空間に密接にかかわる家具があるのもよいのではないかと思い立ち、もっとも特徴

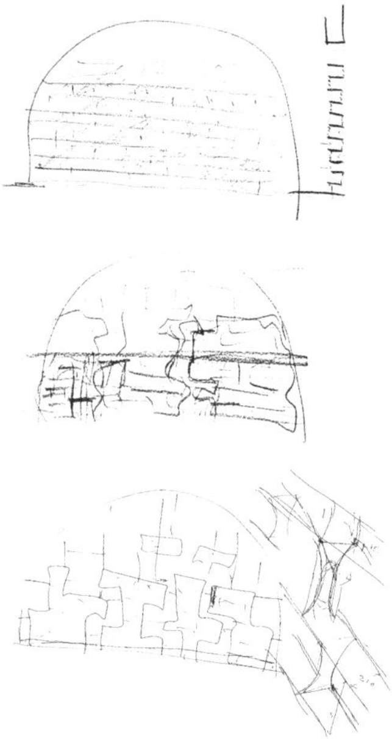

藤江が描いたアーチ書架の初期スケッチ3つのバリエーション。上の図では一段おきに書架の向こう側と手前側から図書の出し入れができる形式。中の図は一定の高さまでは書架として利用するが、それより上の棚は現実的には利用頻度も低く、書架のフォルムがアーチのなかに浮き立つような棚、というアイディア。下の図はアーチのなかに独立した4つの書架があり、それらがつながれているというイメージ

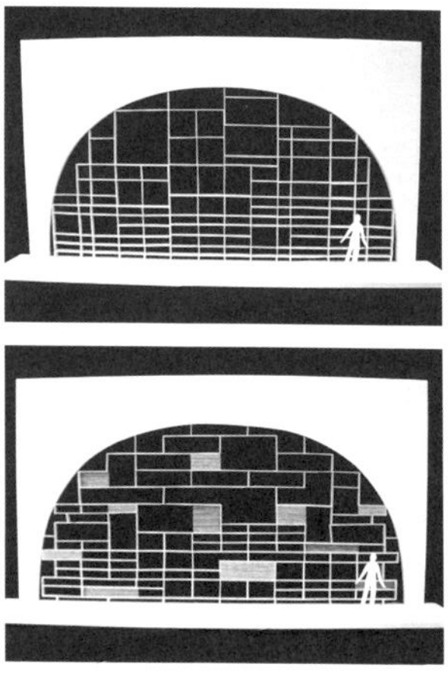

アーチ書架のスタディ模型。上はアーチ書架を構成する垂直材、水平材の連続したラインを美しくみせる案。下はパンチングメタルなどの透過性のある背板をところどころに配した案

1階のメディアバー（左）、そしてメディアシート（右）が置かれた映像視聴のための空間。
右奥にはAVブースが見える

的なアーチを透し彫りの欄間のように見立てた透ける棚も設置した。このアーチ型書架に、本が空中に点在するようにディスプレイがされれば、2枚の透けるアーチ面によって緩やかに閲覧スペースのエリアを確立することができるし、なにより建築のモチーフがあぶりだされるように見えるのは面白いと考えた。

こうして、リボン状低書架とアーチ書架、規格書架により蔵書密度と配架密度に緩急をつけた家具配置の骨格がようやく整ってきた。

緩やかな曲面を描く低い書架の間には、本を探す人のあちらこちらにたたずむ姿が本と本の隙間から透けて見え、曲面が切れる先には多摩丘陵の風景が広がり目に飛び込んでくる。こうして知らず知らずのうちにアーチ列が交錯する空間を体験することになる。このリボン状低書架は、立ったまま閲覧できる高さを綿密に検討し随所に検索テーブルを設けている。別の流れの書架列の間に生じるスペースには大小の閲覧テーブルや歪んだ形のソファを配して小さな淀みを生んでいる。また窓際全周に閲覧テーブルやベンチを設けたことで、周囲の環境と一体となれる心地よい場所をたくさん確保できている。こうして本と人の居場所が分断されることなく、同時にあちこちでさまざまな行為が重層して繰り広げられる新図書館の風景を受容できる配置が成り立った。

1階の建築的な特徴は、なんと言っても勾配のある床である。室内の床の傾きがそのまま外部に連続し、彫刻の森の緑のランドスケープへとすり変わっていく。内部と外部が融け合う関係が身体に直接伝わってくる空間であり、傾斜する床は身体の水平感覚を脅かし、上下に移り変わるグラデーションの空間体験が新鮮である。図書館に入るとゲレンデに立っているかのようだ。ここでの家具は斜面をスラローム下降するうちに、次つぎと雑誌や映像情報や出来事がビジュアルに変化し更新されて目に映り、移動する空間体験のうちに身体感覚が揺さぶられるような、むしろ空間体験を補強するようにあるのがよいと思われた。

ここは映像情報と新聞雑誌情報を提供するブラウジングエリアとして計画されていて、鈴木明氏によるコンセプト「メディアバー」は、ちょっと立ち寄り、短時間に情報を得て立ち去るモバイルな人びとがたたずむの街角のカフェをイメージさせたし、映像情報に時間をかけて浸りたいという欲求には、ひとりだけの小さな空間を獲得できる「メディアシート」をデザインする指針となった。いつでもどこでも自由にさまざまな姿勢ですぐに情報に触れられるようなデザインとはどうあるべきか、ここでも重要な課題であった。

1階の北東隅は20分の1の傾斜に引かれるように建築空間も鋭角な形をしていて、建築と人そして環境との関係がもっともリアルに体感できるラウンジスペースとして計画されている。ここではできるだけ低い姿勢で身体を支える拠り所となるようなしつらえにし、自由で開放された感覚で空間や時間を実感できる場にしたいと思った。大地に融けるようにある床が少し浮き上がり家具化して、床や大地に直接身を寄せる感覚を体験できるものにならないか。そうすれば

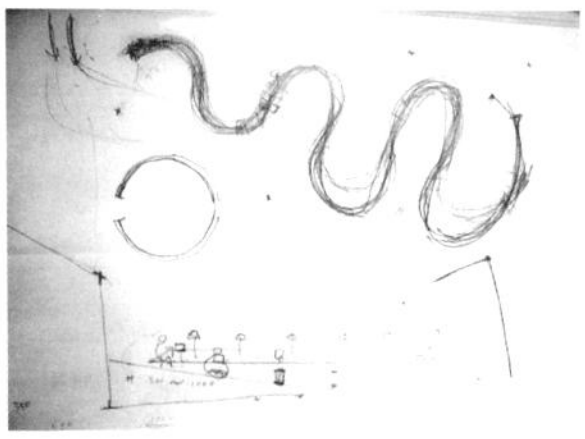

藤江の描いた計画初期段階の1階部分のスケッチ

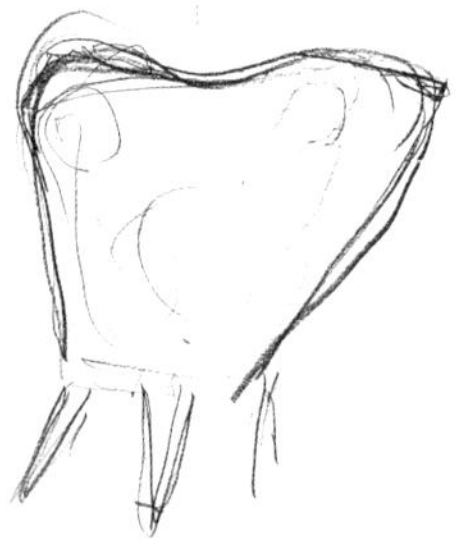

藤江の描いたメディアシートの初期スケッチ。座る人が包み込まれるイメージは、徐じょに具体化された

2階書架の間に置かれるテーブルと座面が一体化したソファを構想し、模型をつくった。スタイロフォームで基本の形態を削りだし、黒のタイツを被せた

1階に置かれるテーブル付きベンチの初期スタディ模型。1枚の紙がひるがえったようなシンプルなフォルムだが、このフォルムは最終形まで残った

[右頁上]1階マグテーブルのあるエリアからラウンジ方向を見る
[右頁下4点右上から時計回り]2階書架間に点在するテーブルと座面が一体化したソファ。1階ラウンジ周辺のテーブルつきベンチ。2階北東角の閲覧席の周辺。1階メディアシート

開放されて澄んだ身体感覚が建築や大地とのリアルなレスポンスを獲得できて、その瞬間をもっとも実感できる場となり記憶に刻まれることになるのではないか。限りなく床に近い、限りなくランドスケープにつながる床のような家具。安心して身を預けることができて時空間を浮遊しているかのように感じられるソファが心地よい。

私はつねづね「家具はもっとも人肌に近い建築だ」と考えているから仕上げのテクスチャーは大事な要素である。したがってコンクリート打放しとガラスという少ない構成材料でできているこの建築においては、家具の素材もできる限りピュアーな感覚を大切に臨みたいものだと思い、手肌に触れる部分は木、フェルト、アルミなどすべて素材の特徴を活かしながら素地に近い仕上げとして、表面をおおう塗膜のない、素肌の美しさ、素肌のよさの触感が得られるようにしている。

また素材仕上げとともに家具制作の加工技術はその家具の性質や表情に大きく影響する。

建築図面には直線や直角がほとんど無いといっても過言ではなく、通り芯までもが曲線である。これまでの経験を通して、初めて出会う建築図面であった。流れるような曲面書架やアーチ書架、バーカウンターのように固定されるものは、コンピュータによる高精度の製作施工技術なくしては成立しないが、対照的に椅子やソファなど身体を支えるものは、素材の性質を活かし手仕事が成す柔らかい表情にまとめることができた。

私にとって、これまで以上にデザインを数値化するデジタルな感覚と素材そのものに触れながら形にしていくアナログな感覚がいつも身体を行き来し、厳しい工程のなかでものつくりの両極を体験したたいへんに貴重な時間であった。

学生生活のわずかな一瞬であってもよい、大学生活を記憶に刻むにもっとも相応しいこの新しい空気の流れる建築空間に身を置き、ぜひとも身体全体を研ぎ澄まして感じてみてほしい。

私自身、未知の建築空間に出会い、そして思考を巡らせ新しい感覚を体感することができた。この濃密なプロセスを経て生まれたこれらの 家具が、多くの学生たちの五感に作用し、創造力を刺激してさらなる創造の力を培養するインターフェースとなれば素晴らしいと思う。

ふじえ・かずこ（家具デザイナー）

1階北東の角に設置されるラウンジに、床がうねりながらせりあがるような形態の大きなソファを構想。初期のイメージモデルはこのような形で伝達された

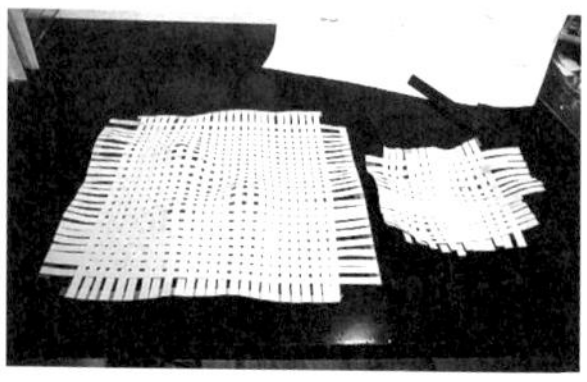

不定形のラウンジソファの構造を検討するイメージ模型。竹素材を編んだものを2面組み合わせて構造体とする、という案もあった

建築の躯体ができあがった頃から、現場には頻繁に足を運ぶ。設置を予定する場所の床にテープを貼り、ラウンジソファの配置を検討する

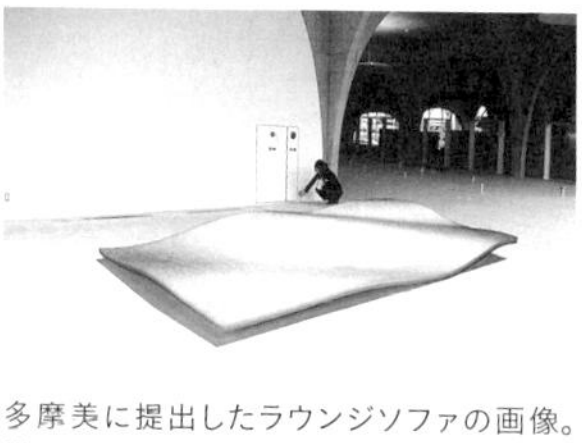

多摩美に提出したラウンジソファの画像。模型写真と現場写真を合成しリアルなイメージを追求した

ラウンジソファのスチール芯材を制作する「アトリエ海」がラウンジソファの原寸木型を制作しているところ

［右頁］図書館1階に完成したラウンジソファ

[arch-text 3]

新しい図書館／“知と美の灯台”へ

伊藤俊治

図書館建築の名作は数多いが、私にとって忘れ難いのはストックホルム市立図書館である。グンナール・アスプルンド設計のこの図書館は1928年に開館した。直径30mの円筒ホールを四棟の建物が取り巻くというエジプト神殿を思わせるモニュメンタルな形態だが、中に入ると空間は無上の親密さをたたえ、聖性があふれる。エントランスの漆黒の壁面には古代エジプトの装飾レリーフが施され、その壁の裂目のような細長い階段を抜けると神々しい光に満ちた円形大閲覧ホールが広がり、圧倒的な量の本に包まれ驚愕する。本を読むというより本に読まれている気分だ。ぐるりと空間を満たす三層構造の巨大な書架にびっしり並ぶ本の背表紙が、高窓からさざ波状に塗られた白いスタッコ壁をつたい降り注ぐ自然光に精霊のようにきらめいている。

アスプルンドがこの図書館を古代エジプト風にしたのはもちろんアレクサンドリアの大図書館を意識してのものだ。アレクサンドリアはアレクサンダー大王がペルシャ征討時につくった港湾都市が起源で、以後、ナイル河口のこの都市はプトレマイオス朝下で繁栄し、紀元前1世紀には人口百万を超える古代世界最大の都市となる。地中海に面したこの都市の海岸ぞいにはムセイオンと呼ばれる総合学術研究機関の建物が立ち並んでいた。ムセイオンとは知と芸術の神ミューズの神殿の意味であり、広大な敷地に研究棟、観測所、動植物園、美術館、劇場が集結していた。なかでも有名なのが大図書館で、そこでは世界中の英知を図書館という場に結晶化させようという野心的な試みがおこなわれていたのだ。

アレクサンドリア大図書館の蔵書は設立当初から50万冊を超えていたという。本といっても冊子ではなく、ナイル河の水草パピルスを加工してつくられた筒状の巻物である。アスプルンドの円形大閲覧ホールはまさに巨大な筒状の巻物を思わせる。しかし紀元前47年、カエサルが侵攻し、この人類の普遍的な夢の集積は炎上してしまう。

そのアレクサンドリアの大図書館がこのほど2000年ぶりに再建された。王宮跡地に建てられた新図書館は12階建て、総面積89,000m^2、蔵書数800万冊という大規模なもので、地中海文化というより、ヨーロッパとアフリカとアジアの“知と美の交差点”として新たな歴史を刻み始めている。

アレクサンドリア大図書館の再生が示すように21世紀に入って私たちは新しい知と美の時代を歩み始めている。一言でいえばそれは、これまで出会えなかった知と美が、互いを受け入れながら自らも書き変えてゆくような交流の時代である。自らの英知と他者の英知を重層的に交差させ、統合してゆく。アレクサンドリア大図書館でエウレイデスが多様な分野の学者たちと議論を交わしながらうるう年の原則を考案し、プトレマイオスがさまざまな土地からやってきた研究者たちの情報を吟味しながら初の世界地図をつくりだしたように。

かつてアレクサンドリアの沖の小島には世界七不思議に数えられた、高さ130mの光が周囲55kmを照らしだす巨大な灯台がそびえたっていたという。私たちは新たな次元を内包した図書館という“知と美の灯台”の導きにより闇の海に未来の航路を見つけだしてゆかねばならない。

いとう・としはる（美術史家）

経蔵

清田義英

歴史ある寺院には経典などを収蔵した図書館ともいうべき「経蔵（経堂）」があります。また、経文を講演する講堂、食事・集会をする食堂、宿舎にあたる僧坊舎、講演聴聞の時刻を報知する鐘楼などといった建物があり、さながら今日の大学のような観を呈しています。

経蔵は高く造られた楼造のものは「経楼」ともよばれています。奈良期の法隆寺経蔵は現存するもっとも古いものとして知られ、正面三間、側面二間、楼造、屋根は切妻造、内部上層は板敷で、経架を失っています。伽藍の中では、経蔵は講堂の近くに建てられ、鐘楼と対称的に配置されることが多かったようです。

天台宗の開祖最澄は、795年比叡山寺に完備した一大経蔵を設けようと思い立ち、弟子とともに写経の運動を始めることになります。この事業は諸国の多くの僧たちの共感をよび、東国からはるばる写経を送りとどける僧もあったといわれています。

そして時を経、鎌倉仏教とよばれる祖師たちの法然・栄西・親鸞・道元・日蓮等は、期間の長短はあるものの宗教・学問の聖地比叡山で修学しています。総合大学に学部があり、伝統をもつカレッジがあるように、比叡山には東塔・西塔・横川の三塔を中心に修行と学問のための施設が建てられ、数多くの僧坊には諸国から多くの学生が集まっていました。最澄は『山家学生式』を著わし、比叡山で修学する学生等のいわば就学規則・就学心得といったものを説いており、そこには単なる宗教人の養成ではなく、天下国家に有用な人間育成を大きな目的とすることが明示されています。

鎌倉仏教の祖師たちは、「経蔵」で経典などを探し求めては読み耽り、時には比叡山を離れて各寺院を訪ね研学を深め、仏法の真髄を追い求めたのです。やがて彼等は比叡山に学びながらこれを背にし、山を下り革新仏教の狼火をあげることになります。彼等は歴史を洞察し、歴史の趨勢を見きわめたうえでの理想実現の使命感に確固たる信念を持ち、比叡山の伝統をうけ継ぎ、あるいは伝統を超え発展させていったのです。

せいた・よしひで（歴史学者・多摩美術大学学長）

法隆寺経蔵。創建当初、経蔵は講堂・鐘楼とともに回廊の外にあった

テクストの記号論的状態を起点にして

草深幸司

本当の意味での新しい表現は、媒体の物質的抵抗を、芸術家が克服する過程から現れてくるのである。こうした認識から、バウハウスの革新的な教師であったL.モホリ=ナギは基礎教育で当時の学生たちに素材の性質とその現れ方を執拗に研究させている。この学習における彼の重要な観点は"1.ストラクチャーstructure〈素材組織のありさま〉、2.テクスチュアtexture〈素材が自然につくりだす表面のありさま〉、3.ファクトゥールFaktur(独)〈素材の加工によって生ずる、表面の知覚しうるゲシュタルト(形状)〉"(H.M.Wingler,Kleine Bauhaus-Fibel,1974, p.11)の諸概念であった。このような素材研究の観点は、テクストの記号論的状態にも関係づけることができる。

ところで、テクスチュアtextureは組織、構造、織物などを意味し、その語源は、テクストtextの語源であるラテン語のtextum〈=Gewebe(独)織物、技巧的な組み合わせ〉と同様である。したがって、図書館における多数の本の全体は多種多様なテクストが織りなすテクスチュアの一枚一枚のカーペットを要素にした集合のようなものだ。そこにはまた、視覚言語というテクストのテクスチュアも素材として織り込まれている。そこで以下では、テクスチュアは記号であるテクストの媒体(素材)性を指すことにする。

芸術的創造にとって重要な制作直前の体験は、芸術家が先入見なしに直接的に素材に接することであろう。だから、テクストを慣習的に読んで、対象を間接的に知り、解釈し、その意味を探るだけでは、いくら図書館のレパートリーを現代化し、拡大するにしても、その建築空間での閲覧者の体験が深まるものではない。したがって、テクストという図書館でのごく普通の素材としてのテクスチュアから直接的に学習しなければならない。

モホリ=ナギの素材に対するその三つの観点はそうした試みの入り口になるであろう。たとえば、彼のいうストラクチャーは語、句、文、句読点などの配列構造、テクスチュアは個々の記号の印刷様態の全体としての現れ、ファクトゥールはテクストのタイポグラフィー、等々のように関係づけることも可能である。これは、記号の媒体としての現れが、どれほど多様な芸術的・デザイン的対象をもたらすモチーフになるかを示しているのである。こうした見方は、直接的にテクストの実質性、つまり、記号論的または言語的な固有世界に注目するために、意味論的またはメタ理論的なテクストが指示する外界はひとまず度外視するのだ。これはオイゲン・ゴムリンガに代表される具体詩Konkrete Poesie（独）の創作態度の原点でもあるが。

マックス・ベンゼによると世界に属する物に措定される諸状態は、1.物理的状態、2.記号論的状態、3.美的状態の三状態であり、この順に限定力、因果性が弱くなる。図書館を支配している記号論的状態は、ある程度の限定力をもつ中間的状態なのである。もっとも弱いのは美的なそれで、したがって、客観的・合理的に把握するのがもっとも困難である。芸術作品の評価のむずかしさを考えると明らかであろう。

美術大学は、そうした限定力の弱い、だから逆に最大限の自由度をもつ美的状態の美的情報を生産する場所であり、そして、その図書館はテクストの中間（媒介）的な記号論的状態によって、その自由度をコントロールできる、という相関関係にあるが、テクスチュアの観点におけるように、図書館が新しい学際的芸術の発信地になる可能性も大いにある。

くさぶか・こうじ（視覚デザイン学）

IMPRESSIONISM

創造する図書館

藤谷宣人

多摩美術大学は、創立60周年の1995年より専門化と総合化の融合を掲げた八王子キャンパス計画をもとにキャンパスを一新する大規模な整備を行ってきた。2005年には先人の労苦の甲斐もあり、創立70周年を迎えることができたが、新しい図書館はその創立70周年記念事業の一環として計画されたものである。

なぜ、創立70周年記念事業の一つが図書館なのか？新しい図書館を創造することは、創立70周年という大学にとっての新しいスタートに相応しい知的こころみであると考えたからである。

図書館は私たちにひじょうに多くの知識を与えてくれる一方、本来的な機能から、ややもすると私たちの知的活動を制約する側面がある。資料の収集、整理、保存、提供という一連のプロセスは、私たちを取り巻く事象への博物学的なアプローチとでも言える。私たちはこの一連のプロセスを経ることにより、自分を取り巻く世界をあたかも手にした錯覚に陥ることがある。一方、芸術は常にこの慢心を戒め、私たちが見慣れたとさえ感じている事象の新しい一面を見つけ出し、豊饒な世界を紡ぎ出す営みである。

この場所が知の収集だけでなく、情報発信を、更には私たちを取り巻く常に変化する事象そのものとして存在しえるのなら、創立70周年という、美術大学の新しいスタートに相応しい事業となるだろう。

設計者である伊東豊雄氏へは、本学環境デザイン学科の客員教授としてご指導頂いている縁により、この知的な挑戦をお願いした。伊東氏のご案内により代表作の一つである「せんだいメディアテーク」へ峯村敏明前図書館長、田淵諭八王子キャンパス設計室長と私の４人で見学に伺ったことがある。

せんだいメディアテークのガラス張りの外観は、透明感に満ち清新なものであった。何よりも私の印象に残ったのは、ガラス張りの外観に景色が刻々と姿を変え移ろうさまであった。私はこの姿と芸術活動のあり方を重ね、学生たちが溢れ、常に「何ものか」が交叉する新しい図書館の姿を容易に思い描くことができた。

建築の専門家である他の執筆者が既に語られていることと思うが、新しい図書館の殆んどはアーチの連続する曲線から構成され、見る角度によりさまざまな表情を見せてくれる。また、せんだいメディアテークと同じく、ガラス張りの外観は多摩丘陵の豊かな緑、流れる風、日の光を映し出すことだろう。屋内に入れば連続するアーチと傾斜のある床により空間の不思議さを楽しませてくれる。

見る場所、時間、人により、姿を変える図書館は、常に変化を志向する美術大学においては、非常にシンボリックな存在であろう。学生たちがここに集い、その時、その場しかない関係性を結んでいくことが、本当の情報発信型図書館、ひいては多摩美術大学の役割を果していくものと確信している。

ふじたに・のぶと（多摩美術大学理事長）

図書のディジタル化

石田晴久

私は、多摩美大を定年退職した直後の2007年4月から、新設のサイバー大学（学長は吉村作治氏）のIT総合学部長を務めている。この新構想大学の創設にあたっては、図書館のあり方について、いろいろ考えることがあったので、それについて、以下に述べたい。

サイバー大学は、福岡市の教育特区から2006年春に申請が出され、同年11月末に、文科省から正式に認可された4年制の新しい大学である。学部は、IT総合学部と世界遺産学部の二つからなる。定員は1学年1200人で、この4月からは、1年生として正科生516名、科目等履修生1072名、計1588名が在籍している。特徴的なのは、すべての講義がインターネットで配信される100% eラーニング型（Video-on-Demand型）で、事務室や研究室やサーバー室はあるものの、スクーリング・教室・キャンパスなどはないこと、運営母体が、学校法人ではなく、株式会社（ソフトバンクなどが出資）であること、科目等履修生が多いことなどである。

eラーニングの大学だから、学生は、インターネット接続環境とパソコン（インターネット端末）があるところなら、どこでも（自宅でも海外でも）、好きなときに、繰り返して、講義の視聴ができる。スクーリングはないから、学生が大学に出てくることはない。この意味では、図書館は不要である。その代わり、インターネットは全体として、巨大な電子図書館だから、これを活用することにし、あとは、電子ジャーナ

ルや電子図書を充実させればよい、とわれわれは考えた。ところが、文科省からは、図書館（および医務室）は必ず設置するようにといってきた。電子図書は（紙の）本の代替にはならないという。今の大学設置基準はインターネット時代に全く対応できていないのである。

それにしても、サイバー大としては、電子図書は必要なので、何とかしたい。世の中を見ると、わが国では、「青空文庫」のように、著作権切れの小説など（50年経過もの）を電子化した例はあるが、専門書としての電子図書は少ない。国立国会図書館や奈良先端大などにおいては、図書のディジタル化の試みはあるものの、著作権の関係で、外部には公開できないでいる。この状況は、国会図書館長に（私の知人でもある）IT専門の長尾真氏（もと京大総長）が就任されたので、改善されることを期待している。

一方、アメリカでは、アマゾン・コムが2003年から「なか見！検索」を始め、12万冊以上を電子化している。野心的なのは、グーグルで、ミシガン大、スタンフォード大、ハーバード大（蔵書：1500万冊）、ニューヨーク公立図書館、オックスフォード大などに資金を投入して、1500万冊を目標に電子図書化を進めている。多摩美大の新図書館にとっても、作品のアーカイブと並んで、図書のディジタル化は将来の大きな課題であろう。

いしだ・はるひさ（情報科学者）

人と書の出会いの連鎖が育む人生の意味について

坂根厳夫

キャンパスのなだらかな斜面を巧みに取り込んだ多摩美の新図書館のデザインを拝見して、その発想の新鮮さと綿密な技術的配慮にはさすがにと敬服した。

図書館の機能自体は、この四半世紀の間に、デジタル技術の普及で多彩な情報発受信のインターフェイスへと変貌してきている。在来の文字文化を象徴する図書のアーカイブズから、いまや映像、音響、さらにはネット検索までを介して自在にデータを呼び出し、公開さえできるメディアへと変容し、いまでは図書館という表現そのものが古典的な響きを持ち始めているほどである。

ただ、一歩下って、人間と書物あるいは、さまざまな知的・感性的文化との出会いがもたらす意味を振り返るとき、従来の図書館の分類学的な収蔵や文献、資料の体系的蓄積だけが、どれほど個々のユニークな人間形成に役立ってきたのか、若干、疑問もないわけではない。確かに、一般教養や、学問的研究、職業的訓練の資料としての文献類の体系的収蔵は大切だが、個々の人間形成の場では、各人の自由奔放な興味や関心からの偶発的出会いや選択こそが、重要な鍵を握っているのではあるまいか。大げさにいえば、いま問い直されているのは、一人一人にとって、そんな人生そのものを揺さぶる書籍との巡り合いの機会の有無ではなかろうか。

私自身、いままでの長い人生を振り返ると、あまり熱心な図書館利用者ではなかった。高校、大学時代以来、必要があれば図書室で文献を探し回って利用はしてきたが、閲覧室に籠って勉強した思い出はほとんどない。こどものころから大の本好きで、小学生のころには、病身だったせいもあって、漫画から小説まで手当たり次第に友達から借りてきて、一日に何冊も読み飛ばしていた。ときには父親が買い揃えていた大人向けの世界文学全集にまで手をつけて、興味にまかせて読み耽ったりもした。ただ中学生のころ、教科書に載っていたエッセイがきっかけで、寺田寅彦の世界にのめり込み、さらに彼の人脈をたどって漱石の世界に広がるという風に、興味の連鎖反応から知的世界が広がった。大学時代には、思春期の思いから、ロマン・ローランやヘルマン・ヘッセ……と、作家への傾倒からその人間関係まで辿って書物と出会うという生き方が、私の関心を育ててくれたという気がしてならない。私がジャーナリストとして、芸術と科学の境界領域をテーマにすることになったのも、寅彦以来の読書の影響と同時に、取材した作家や科学者たちを通じて知った書籍の影響が少なくない。

その道ですぐれた業績を残した人物はもちろんのこと、だれであっても、その人生の過程で触発され、影響された本や作品などが幾つもあるはずで、そんな視点から、従来の本の分類や意味を見直すような試みもあってもいいように思う。私自身はかつて、勝見勝の書庫に並ぶ書物の選択に感動し、多くのヒントを受けたことがある。多摩美の図書館には東野芳明や秋山邦晴の遺品としての図書が寄贈されていると聞くが、これからは、そんな人間と書物の出会いという視点から歴史的検証を試みるヒューマン・ライブラリー論の展開があってもおかしくないとさえ思っている。

さかね・いつお（メディア文化評論家・IAMAS名誉学長）

図書館は流れを変える

秦 剛平

これまでわたしは世界中のめぼしい図書館を訪ね、またいくつもの図書館で写本をもとめて研究に従事してきた。乞われて学術講演をした図書館もある。図書館と研究者の間には切っても切れない縁があり、研究者は、必要とあれば、新しい縁をもとめて図書館に向かう。縁をもとめてではないが、どうしてもわが目で見たかった図書館がある。エジプトのアレクサンドリアの地に2000年にオープンした図書館である。

古代アレクサンドリアの図書館は、紀元前3世紀に、プトレマイオス王朝の第2代の王プトレマイオス・フィラデルフォスによって建設され、当時の世界で最高の蔵書数を誇る図書館としてオープンしたもので、それはアレクサンドリアの町自体を一大文化都市へと押し上げ、地中海世界の諸都市に住む文化人たちにその存在を強烈にアピールしたものである。都市の新しいシンボルマーク的な建造物はよく、「人の流れを変える」と言われるが、この図書館もその例外ではなかった。地中海世界の知識人や学者たちはもはやアテーナイやロードス島に行くのではなく、アレクサンドリアにやって来ては、そこで研究するようになったからである。そしてそこからはホメロスのテクスト研究をはじめとする、すばらしい学術的な成果が見られたのである。

わたしは去年（2006年）の9月のはじめ、ナイル川の三角州につくられた古代の町である考古学的な予備調査を行なったが、そのおり一日をさいてこの図書館を訪ねてみた。地元のアレクサンドリア大学の斜め前に建造されたこの図書館は周囲を圧倒するものだった。その斬新なデザインはノールウエイの建築家集団の手になるもので、それがこの地を訪れる観光客たちを引きつけている。その日は朝早かったせいか、館内は閑散としていたが、館内を案内する専門スタッフのひとりが館内の主要施設を説明してくれた。書架の大半はまだスカスカ状態であったが、やがては世界中から送られてくる寄贈図書でそこは埋まるはずである。この図書館が、将来、パリの国立図書館やイギリスの大英図書館と肩を並べる存在になることは、欧米の多くの図書館がこの図書館に大きな物的支援を約束していることからも分かる。日本政府も多大な支援をするはずであるが、なぜかその辺りのことは伝わってこない。残念だ。

本学の図書館は、本学の「学理」のシンボルとして、世界的に著名な建築家、伊東豊雄氏とその事務所によって設計され建設されたものである。鑓水の残された自然と見事にマッチしたそのデザインは、わたしたちを外において虜にするばかりか、わたしたちを中へと誘導する。この図書館は、今後、キャンパス内における学生たちの流れを一変するものとなろう。学生諸君は一日に一度はこの図書館に立ち寄り、書物から、そして現代のテクノロジーから何かを発見し、何かを生み出す者になってほしい。それを期待すること大である。

はた・ごうへい（ユダヤ教学・多摩美術大学附属図書館館長）

3. 図書館の創造的な利用法

図書館「しつらいとふるまい」の考古学

創造的図書館利用のてびき

図書館の創造的な利用法

——コミュニケーションとブラウジングのためのインタラクションデザイン

図書館を取り巻く環境は激変しつつある。内においてはDVDをはじめとするデジタル・マルチメディア資料《リソース》をアーカイヴし、その閲覧環境を手探りで考え、外部では、グーグルのような検索技術を用いた充実したウェブ上のアーカイブズと共存関係を探らなくてはならない。このような情報技術の発達と普及を前にして、実体としての空間と組織をもつ図書館は、なにを受け入れ、なにを守り、どの方向に進んだらよいのか？

図書館をめぐる内外の変化と要求に即して、効率のよい「貸出し図書館化」を推し進める公共図書館も多い。しかし、多摩美術大学図書館ではこの環境変化に直截的に対応するのではなく、あくまでも実体的な空間のなかで、本やさまざまなリソースに出合う「経験」を重要視した。「創造的な図書館」というコンセプトである。

このコンセプトを、図書館利用の経験のなかで実現するために、我われは図書館利用の方法をひとつひとつ挙げ、それをシナリオ化し（利用者の経験や心理すなわちインタラクションを描き出し）、具体的な家具や部屋の「しつらい」、利用者の「ふるまい」やサービスに落とし込んでいった。それは図書館利用や読書経験を、本と図書館の発生（原点）までさかのぼって見直す作業となっていった。

コミュニケーションとブラウジングのためのしつらえ

多摩美図書館の大きな特徴は、図書館入口に設けた「アーケードギャラリー」で、「コミュニケーション」と「インフォメーション」の空間として位置づけている。展示・発表・講演など、情報発信の場としての利用を目的とするが、日常的な通り抜けの空間でもある。学生や教職員が行き交い、カフェでは人と人が出会い、アーケードの展示やモニタから流れる映像のなかで、自由な情報交換が行われる都市の広場や市場《バザール》のような空間が、図書館利用者だけでなく通過者をも受け入れるのである。

> 書物の本質は伝えられることにある。「伝える」とは、つまり「メディア（媒介するの意）」であるといい換えることもできる。この「伝える」という行為は、まず、「他人に伝える」ことを目的とする。単に伝えるだけなら、本人の肉声でもいいわけだが、本人が死んだら肉声は消滅する。そこで未来に向けて「伝える」という第二の役割が生まれてくる。
>
> 荒俣宏（監修）、ブリュノ・ブラセル『本の歴史』、創元社、2003、p.1

大学正門につながる敷地特性もあり、多摩美図書館は全学のインフォメーション・センターとして内部化された広場機能をもたされているが、それは意外なことではない。「インフォメーション」や「コミュニケーション」とは、本がもともともっていた原型的な機能に通じるからである。

アーケード(ショウウィンドウになっている)を抜け、図書館内部に足を踏み入れると、雑誌やDVDなど、図書館資料《リソース》が一望できる空間がある。すべては表紙やジャケットで視認でき、その場で手に取り、読み・聞き・見ることができる。それはスーパーマーケットやCD・ビデオショップに並ぶ商品群を探し選ぶのと同じ、我われにはきわめて日常的な経験に基づいた雑誌やDVDを「ブラウジング」するための、空間や家具の「しつらい」である。

ブラウジングというふるまい

> to browse(語義は若芽を食べる)とは、ほぼ「のんびりと本屋あさりをする」の意味である。この言葉を用いたのは、トーマス・カーライルで、彼は本を捜している読者の姿を、新芽を食みながら垣根に沿って歩く羊になぞらえている。
>
> アンドレ・マソン、ポール・サルヴァン『図書館』、白水社、1969、p.94

「ブラウジング」は、本や雑誌を気軽に閲覧する(立ち読みするなどの)方法である。多摩美図書館においては、利用者(大学生)が必要とするさまざまなリソースに効率よくアクセスできる、「しつらい」と「ふるまい」をデザインするためのキイワードである。それは権威的な大学図書館の、閉架書庫のなお奥深いところに仕舞い込まれた学術書や稀覯本へのアプローチとは対極にある、資料《リソース》へのアクセスの機能性と気軽な利用(インタラクション)を導くコンセプトでもある。

現代では、「映画を観る」ことは必ずしも映画館に行くことを意味しない。DVDを、家庭のビデオデッキやパソコンを用いて、部分的に早送りしたり繰り返して観るのも平均的な視聴法である。旅客機の狭い座席でヘッドフォンを掛けるという、極小空間かつ個人的な閲覧環境でも、深い経験をもちうることを我われは知っている。これらは日常的な経験だが、現代の図書館では顧みられたことがない、ふるまい《インタラクション》である。

従来の図書館では、資料へのアプローチや閲覧といった利用者のふるまい(行動や経験)はあたりまえのこととして、けっして顧みられることはなかった。それをひとつひとつ見直し、慣習にとらわれない現代的なブラウジングの方法を探ったのである。

そのことによって、公共図書館においては、本を「借りに行く」施設、大学においては、論文やレポート作成のため特定の「文献を探す」施設というような、限定的で狭い経験を満たすだけの場所として、味気なくなってしまった図書館を、いま一度、豊かな経験と予期せぬ出会いを可能とする場として再構築しようと考えたのである。現代の美術大学における教育プログラムと美大生が必要とする教養は、慣習化した図書館利用からではなく、未知なる驚きに満ちた空間としつらえの経験から得られるものであると考えたのである。

本稿では、ここに概説した「創造的図書館利用」のコンセプトを、以下、ふたつの視点「図書館利用の考古学」「創造的図書館利用のてびき」から解説していく。

3-1 図書館「しつらえとふるまい」の考古学

鈴木 明

かつて図書館にあって現代の図書館にないものがある。現代の図書館で禁じられていることが、かつて図書館では日常的に行われていた。

かつて本は貴重品であり、それに触れることができる者は限られていた。本自体の総量が、現代と比べ物にならないほど少なかった中世ヨーロッパ。修道僧は、修道院の奥深く、書庫の棚に収められた重い本を取り出し、アーチの間から光が射し込む静謐な閲覧室の席に運び、大判(ふたつ折り)のページを1枚1枚ていねいに捲《めく》り、そこに描かれた文や挿絵を読んだ。その読書の経験は、現代の機能的な図書館で本と向き合う我われの経験とはずいぶん異なっている。

◉本は声を出して読むもの、解釈され写されるもの

かつて人は、本を、音読すなわち声を出して読んでいた。ギリシア、ローマ時代を通じて、本(巻子本)は朗唱されていた。人と本との間には、豊かなコミュニケーションが交わされていたのである。

ラテン語(神の言葉をあらわす言語)で書かれた本は、ひとつながりの文で書かれていた。

> 「読解」lectioとは、読者がテクストの文字、音節、語、文という要素を同定し、ついで意味に応じてアクセントを施しながらそれを声に出して読み上げる作業である。
>
> ロジェ・シャルティエ、グリエルモ・カヴァッロ編『読むことの歴史――ヨーロッパ読書史』、大修堂書店、2000、p.115

中世を通して、本に書かれた文は、単語ごとに「分かち書き」されず、句読点のない、ひとつながりの長い文で構成されていた。それゆえ「書かれた文(テクスト)は声に出して発音しそれを自分の耳で聞いて、初めてこれが意味ある言葉であるということを意味するのであった」(前掲書)。

ところで、印刷術が発明される以前の本は、はじめパピルスの巻物(巻子本)であり、その後に羊皮紙に文字を手書きされたページを束ねてつくった冊子《コーデックス》となり、現在我われが考える本のかたちに近づいたが、しかし、ヨーロッパ中世の修道院での本は、ただ書庫に納められ、読書に供されるだけものではなかった。本は読まれると同時に解釈されるものであり、写され、さらに生産されるものだったのである。

> ドイツでは八世紀後半、カール大帝の時代になってようやく写本というメディア新技術が登場してくる。そして、これはたちまちのうちに普及し、規模の大きな修道院で、写本室《スクリプトリウム》を備えていないところはないほどになる。たとえば、ザンクト・ガレンの修道院の写本室は、六つの窓を備えていて、採光は申し分なかった。壁には七つ

フォントネー修道院の写本室

中世修道院の写本室(15C)

の書写台がならんでおり、部屋のまんなかには、大きな机がひとつすえられていた。ここで写本がおこなわれるわけだが、しかしそれは、けっして個人的な動機からなされるのではない。そうではなくて、すぐれて宗教的な行為なのであった。なぜなら、それは[読ムベシ、書クベシ、祈ルベシ、歌ウベシ]という勤行からなる礼拝の一部であったからだ。修道士たちは、製本し写本することによって、これを果たさねばならなかったのだ。

原克『書物の図像学』、三元社、1993、pp.23-24

現代の大学生にとって、本に限らず多様なフォーマットの膨大なリソースと、効率的に出会うことは必須の条件で、修道僧のように祈りとその合間に、限定された本を読み、写本にほとんどの時間を捧げる生活など縁がないと思われるかも知れない。我われが考える読書経験、つまり書店で雑誌や本を探し、図書館で自由に本を探しコピーを取り、借り出して来た本を自宅で広げて読んだりするより、そこにははるかに豊かな経験が本と読者の間にあった。

イタリアの記号学者ウンベルト・エーコによる長編小説『薔薇の名前』を読むか、その映画(ジャン=ジャック・アノー監督「薔薇の名前」)を観るとよい。その経験を視覚的、聴覚的に追体験できるからである。

修道院の食堂で物音ひとつたてずに食事する修行僧たちに、選ばれた者が朗読するシーンがある。「朗読」すなわち本の内容の音声による再現は、神の言葉の再現でもある。それは強く長いイントネーションをもった声に解釈され、石造りの修道院の空間に残響音としてパフォーマンスされる。

『薔薇の名前』では本と図書館(収蔵庫)を舞台に、経験、すなわち読みと写本のインタラクションをめぐって、迷路のようなストーリーが展開される。現代の読書経験や図書館で失われてしまった、本との濃密なかかわり(インタラクション)が、そこここに確認できるのである。

羊皮紙の製造が終わると、写字生たちは写本室長の指導のもとに仕事を始めた。椅子に座り、傾斜した書写台に身をかがめて、厳しい環境のもと、口述される文章を筆記したり、原本を見ながら筆写したりしたのである。 『本の歴史』、p.26

書写の作業とは、ひとりで書き写すことも、ひとりが朗読し、もうひとりがそれを書き写すこともあった。いずれにしても、このような読書経験を想像するとき、石積みの重厚なアーチでつくられた空間の雰囲気や音環境を忘れてはならない。本の読み方つまり本とのかかわりは、思考や記憶にも大きな影響を与えていた。マクルーハンはメディア論の視点から、中世の僧侶の個人読書席、または読書兼歌唱用ブースの「しつらいとふるまい」を描きだしている。

修道僧たちは原則として一日の大部分を集団で過ごすことになっている。ところがそうした修道院の中でプライヴァシーを確保するためのこの設備は一体何のためのものであったのか。大英博物館の閲覧室のほうに防音装置をほどこした仕切りはないのである。黙読が一般化した今日ではもはやこうした設備は必要ではなくなったのだ。だが、中世の読者を図書館いっぱいに入れたと想像してみよう。彼等が音読のために発する雑音のためにやり切れないことになるのだろう。こうした事柄について中世期の写本テクストの編纂者たちはもっと注意を払ってしかるべきだ。今日筆写する人は書き写すときに、原稿から眼を放す。その際彼の頭にあるものは眼で見たものの視覚的記憶である。それに反して中世の写本家の頭にあったのは聴覚的記憶であり、それもおそらく多くの場合、一度に一語ずつの記憶であったろう。

M.マクルーハン『グーテンベルクの銀河系──活字人間の形成』、みすず書房、1986、p.145

芸術作品としての本

写本される本の多くは、文字のまわりに美しい図版や文様が描かれたページでできあがった書物である。章頭の文字を強調して描く「飾り頭文字」は人物や動物や幾何学模様で装飾され、テクストはやがて文様のなかに吸収されてしまう。本文は縁取られ植物の茎や蔓でおおわれ、14〜15世紀になるとページ全体が画集のような有様となる本も多かった。本全体の装丁は、筆写の終わった折《おり》をまとめて革ひもに縫い付け、表と裏に木の板をつけ表紙とし、さらに皮でカバーした。表紙には模様の型押しが古くから行われたが、貴重な本には象牙や布地、なかには宝石で飾られることもあった。テクストを形成する手書きの文字や文は、厳しく修練された書写生の作品に他ならず、本文まわりを装飾する絵や文様は、その時代の芸術作品を代表するクオリティを保っていたのである。

詰まるところ、書くことはそれ自体として読むことの一種なのであり、元のテクストに対し一字毎に讃辞を捧げることでもある。優れたテクストには優れた書体という讃辞が捧げられなければならない。人文主義者は、既に見たように、書体の美しさには特に敏感だった。トリテミウスはテクストを深く理解するためには自分の手で書き写す必要があると主張している。より近代の学者でもこの主張に賛同する者は多い。　『読むことの歴史──ヨーロッパ読書史』、p.276

書き加えられる本

羊皮紙に美しくレイアウトされた本文のまわりには大きな余白が残されているが、それは読者が注釈を書き込むためのスペースである。

ページの欄外には、本文とは別の小さな書体で注釈を書き入れることが多かった。注釈は中世の教育法の基本であって、12世紀以降その役割はしだいに重要性を増し、聖書本文の提示の仕方を大きく変化させた。　『本の歴史』、p.34

本を読むこと（写本すること）は、聖書や古典を解釈することであった。

フォントネー修道院の回廊

現代の図書館では禁じられている「本への書き込み」がしばしば行われていたのである。本はできあがったものとして向こう側に孤立してあるのではなく、読者によって絶え間なく解釈され続けるものだった。

いみじくも、現代のインターネット上で書かれ続けているエンサイクロペディア『ウィキペディア』の原型をそこに発見することも可能であろう。

> 学者がペンを執る理由は他にもあった。ペトラルカからスカリゲルに至るまで、学者は自分が書き写したのではないテクストの欄外に書き込みを行ってきた。それは専門的知識を集積させていたのである。同じテクストの別の版に見られる読みの違いを組織的に記録することも良く行われた。(中略)そのスカリゲルさえ、怒りに任せて巨大なX印を本文の上に記し、「くそったれ」cacasの繰り返しで欄外を埋め尽くしたこともある。(中略)人文主義者はしばしば、その本が自分ひとりのものではなく、友人たちのためのものであることを、表紙や扉のページで強く主張している。
>
> 『読むことの歴史──ヨーロッパ読書史』、pp.276-278

人文主義の時代になり、印刷術が発明されると本はさらに中世とは異なった解釈がなされる。人間中心の世界観を求める文化運動は、中世修道院で書写されるなかで生じた写しまちがい、翻訳の誤り、余計な注釈などをとり除いて、正確な原典を復活しようと試みた。

> 中世の伝統から解放された人文主義者《ユマニスト》たちは、各地の図書館に眠る忘れられた文献を探しまわった。もちろん印刷業者もこうした試みに加わり、印刷工房は、印刷業者と学者との緊密な協力の場となったのである。
>
> 『本の歴史』、p.74

◉読書の空間

修道院での本をめぐる生活のなかでは、さまざまな空間がしつらえられ、そこに豊かな読書経験(インタラクション)が生み出されていた。かつての修道院には、現代図書館の閲覧室とくらべて、はるかに小さいが、しかし居心地のよいプライベートな空間が備えられていた。中庭に面したアーチの柱間、アルコーブ、ベンチからなる身体的空間とそこに射し込む光。たったそれだけの環境条件が、読書のための快適な空間を生むのだ。

> 通路と中庭を隔てる柱のすきまは、腰掛けて本を読むのにうってつけの小さな空間で、ここにすわると読書にちょうどいい明かりを得ることができた。特に個別の「写字室」や書き物用の部屋がない修道院の場合は、回廊の柱と柱のあいだにできた日当たりのよいくぼみには特別の価値があり、年長者や、立ち回りのうまい修道士に占領された。というのも、読書や書き物、書写にこれほど適した場所はなかったからだ。やがてキャレルと呼ばれるようになるこの場所は、あまりじゃまされることなく静かに勉強し、目の前の作業に集中できる空間だった。
>
> ヘンリー・ペテロスキー『本棚の歴史』、白水社、2004、p.52

そんなわけで、ヨーロッパ中世修道院の閲覧環境は、効率を優先しすぎた近代的図書館建築に対する批判として、繰り返しレファレンスされる。

「これらの修道院のなかで、本が並べてある部屋は、近くにある庭のすべてを、そこから眺められるように配置してある」。これこそは、すぐれた言葉でフランスの図書館の古典的な方法を述べたものであって、その後長いあいだ、天井からの採光しか考えなかった十九世紀の陰鬱な読書室の例で目玉の曇った、二十世紀のフランスの建築家たちが、わざわざアメリカまで出掛けて、この方法を発見してきたというわけである。　『図書館』、p.46

ジョルジュ・ド・ラ・トゥール、「灯火の前のマグダラのマリア」、1630－35。ルーブル美術館（パリ）

多摩美図書館の照明システムでは空間全体を一定の明るさに保つ間接照明と、テーブルや書棚に据えられた白い傘のスタンドによる個別の照明からなる。「タスクライティング」と呼ばれる近代的照明手法は、手許の本を照らす中世修道院の明かりと同じく小さな光で個人的な空間を生み出す

個人的な空間をつくる明かり

修道院における祈りの生活は、個人的な空間にもとづいていた。そしてそのような空間は、ランプの明かりによってさらに親密度を増し、理想的な読書空間を生み出していたようだ。小さなテーブル、手元だけを照らし出す明かり。

読書は回廊でなされ、ここでは修道士たちは椅子に坐ることができた。また、冬には、参事会場のろうそくやランプのほの明かりの下で行われた。　『図書館』、p.25

ところで、修道院が一手に担い独占して来た本の収集と生産の独占は、1088年にボローニャ大学が創設され、ヨーロッパ各地に大学が設立されることによって揺らぎ始め、一方では本の内容や種類は急速に広がり世俗化していく。

◉鎖付きの本…書棚と閲覧席

修道院以外の施設においても本は、その利用者のために公開された。ただし、限定付きの公開である。13世紀以降は修道院に加えて大学が、修道院以外の写字生のアトリエと図書館を用意するようになる。ソルボンヌ大学の図書館では1290年には1,017巻の、半世紀後には1,720巻の蔵書をもつに至った。

大学図書館で行われる読書や学習（中世の学芸教育）は、たいていの図書館に見いだせる基礎的文献に沿って行われたものであった。

この教育は主として古代（ギリシア、ローマ）の賢人を学ぶものであった、だからこそ学芸をあらわす像の下に、中世の文人ではなく、プリスキアヌス、キケロ、アリストテレス、ユークリッド、ピタゴラスなどの像が描かれているのである。　『図書館』、p.29

大学における図書館のしつらいは修道院のそれから少しずつ変容していった。

本の貸し出しが許されていなかった学生たちに、本を利用させる

鎖付きの書棚。『書棚の歴史』より

> 方法として、全く新しい利用システムが考え出され、それが西洋の全図書館に広まり、十四、五世紀から十六世紀のはじめにかけてその方法が生み出された大学図書館以外にまで、異議もなく採用されて行った。それは、本を書庫や戸棚に詰め込むかわりに、傾斜した書見台の上に平らに並べて、それを鎖でつないだのである。書見台の下部の棚には、同じように鎖につながれた別の本を置くことができた。鎖の一方の端は、写本の製本背革に釘づけをした金具に連結され、他の端は書見台の端に錠で固定された金棒に結びつけられてあった。書見台に面してベンチが置かれていて、読者は自分の調べたい本の前に座ったまま移動することができた。この鎖につながれた図書館の、イギリスにおける最も古い例は、一三二〇年にできたオックスフォードのものである。
>
> 『図書館』、pp.26-27

当時の羊皮紙でつくられた本は、重厚で貴重だった。図書館では盗難を防止するために所蔵と閲覧のための大げさなしつらいを発明したのだが、そこにはメリットがないわけでもなかった。大型の本を棚から取り出すと、その下にあるテーブルですぐブラウジングできることである。現代の図書館で稀覯本や大型の本を読もうとすれば、まず書誌データから探し出しカウンタで請求し、閉架書庫の目的の本を取り寄せ、さらに閲覧席まで運んでやっと読む。そんな手間をかけなくて済んだわけだから。

ラウレンティアーナ図書館。『ヨーロッパの歴史図書館』より

> ソルボンヌ図書館では、一三二一年の規則で、「大図書室」にはこの学校が所蔵する、各部門の最もいい木を鎖につなぐことを規定している。複本や、あまりひんぱんには用いられないもの、貸出し用の本などは「小図書室」に置かれた。数年後の財産目録によれば、大図書室には三百三十巻が鎖につながれており、小図書室には千九十一冊が置かれていた。現代図書館用語に置き換えてみるなら、さしずめ、鎖につながれた本は読書室の参考図書で、小図書室は書庫ということになろう。
>
> 『図書館』p.27

鎖付きの本と閲覧席。『書棚の歴史』より

ミケランジェロ・ブオナローティは画家、彫刻家としてだけでなく建築家としても知られる。なかでも傑作と言われるフィレンツェのサン・ロレンツオ教会のラウレンティアーナ図書館（1526）では、本は棚にしまわれず、傾斜した閲覧テーブルの上にあらかじめ置かれている。ここを訪れる現代の読者は、創建当時と同じ、最適の閲覧環境と閲覧スタイルで読書することができる。

大型本を鎖で書架につなぐ理由は、現代の大学図書館にはない。だが、書店では当然のように行うブラウジング法、つまり「立ち読み」という読書の「ふるまい」を取り入れることを拒否する理由もない。

当時のふたつ折り大型本の表紙のごとく華美な装飾が施されているわけではないが、現代の多種多様な雑誌の表紙には、写真家が撮影した美しいモデルがレイアウトされている。それらを一望できる書架が図書館に求められてよい。

多摩美図書館のマグテーブル

書架の配列

もともと図書館を意味する「ビブリオテーク」とは、本を入れる棚を意味している。書棚の配列法は、図書館にとって書棚のデザインと同じく、その空間の雰囲気、利用法に大きな影響をおよぼす。

エスコリアル図書館、スペイン

> 図書館設備の革命は、書見台のシステムを壁面排架に切り替えたことにあるが、十六世紀の末ごろでは大図書館だけがこれを実施したにすぎなかった。最初の例としては、建築家フアン・ヘレラ(スペインの建築家。一五三〇〜九七)がフェリペ二世(スペイン王。一五二九〜九八)のために建築し、一五八四年に完成したエスコリアル図書館(マドリッド近郊にある)である。この図書館は長さ六十五メートル、幅十一メートル、高さ十二メートルの広大なもので、壁面書架は、建物を支える円柱と円柱のあいだに排列された。地上一メートルの所に傾斜した面が、書見台の形でつくりつけられてあり、その場で本を調べるのを容易にしている。 『図書館』、p.36

ホールやギャラリーのような、図書館建築の大空間に書架を並べるにはいくつかの方法がある。壁面に直交するように書架を並べアルコーブ状の部屋をつくる「ストール・システム」と、壁面に書架をくっつけた「ウォール・システム」である。

> 外に面した壁に狭い間隔で窓を開け、壁に対して直角に本箱を設置したストール・システムは、長いあいだイギリスの施設図書館の特徴だった。ヨーロッパ大陸では、これとは異なる伝統が別個に発達し、本箱は壁に背を向けて壁と平行に置かれていた。その結果、こうした図書館に入ったときに目にするのは、窓際にキャレル状あるいは小部屋状のくぼみを抱える本箱の列ではなく、本箱に取り囲まれた部屋で、どの本箱もみな中心の広々した空間に顔を向けていた。後にウォール・システムとして知られるようになるこの設置方法は、スペインのエル・エスコリアル宮で大規模に導入されたのが始まりだった。 『本棚の歴史』、p.144

現代の日本の公共図書館では、管理面の理由からか、ウォール・システムを基本とした開放的な開架書庫、閲覧室が多く採用されるが、大学図書館や専門図書館では、専門書の書架で小さなアルコーブを形成したりする複合的な閲覧室が形成されることが多いようである。

クリストファー・レン(1632〜1723)は窓の位置を高くし、壁沿いに机置き場を設けた最初のイギリス人建築家と言われているが、ケンブリッジ大学のトリニティ・コレッジ図書館の長さ58メートル、幅12メートルのスペースを完全なウォール・システムにしなかった理由を次のように説明する。

> 壁際の本棚と、壁から突き出るように置いた本棚の組み合せが、非常に便利で上品だということが証明されるにちがいないし、また

それぞれの小部屋に小さな四角いテーブルと椅子を二脚置くのが学生にとって最良の方法を思われる。 『本棚の歴史』、p.155

トリニティ・コレッジ図書館。『書棚の歴史』より

オックスフォード大学ボードリアン図書館。『書棚の歴史』より

◉閲覧の空間…開架書架と大閲覧室

中世ヨーロッパの修道院を経て、やがてでき始めた大学や王室付属の図書館では、いまだ数少ない書架と書架に付属した書見台といった組合せによる、こぢんまりとした閲覧環境を形成していた。その構成は窓に一定のリズムを与え、建築外観を特徴づけていた。

十四世紀から十六世紀にかけて、書見台の使用が、図書館の設計と配置を条件づけた。書見台の側面から採光するため、ちょうど近代の書庫のやり方のように、並べられた書見台の各列に合わせて窓がとられた。書見台と書見台の距離に照応した窓の平均的間隔は、七フィート、約二・三五メートルである。 『図書館』、p.27

印刷術の普及によって増え続けてくる本は、それを納める書架を増加させ、それに伴って閲覧の環境にもより大きなホールやギャラリーを求めるようになる。

十七世紀になると百科全般を網羅した図書コレクションを広いギャラリーに公開する近代的な図書館概念が誕生する。なかでもオックスフォードのボドレイ図書館、ミラノのアンブロジアナ図書館、パリのマザラン図書館の、

「これら三つの図書館で最も共通している点は、エスコリアル図書館の形式を踏襲して、ひじょうに広いギャラリーの壁面書架に本を置き、ほとんど全蔵書を読者の目に見えるように公開したことである」。 『図書館』、pp.38-39

アントニオ・パニッツィ(1789-1879)はイタリアからの亡命者で、大英博物館の司書補、主任司書を務めたが、モンターギュハウスから現在の大英博物館に移転するにあたり、図書館プランのなかで、閲覧室と書庫を明確に区別した最初の人とされている(『図書館』p.67)。後に絶対的とも言えるほど一般化したこの基本的な考え方は、現代の図書館にも受け継がれている。

(大英博物館の:引用者註)新築の閲覧室は、複数の階層に分かれた書庫に取り囲まれ、書庫全体の高さは二十四フィート(七・三メートル)から三十二フィート(九・八メートル)に及んだ。大きめの書庫は四層からなり、閲覧室をすっぽり包むように並んでいた。つまり、本は利用する場所のすぐ近くに置かれていたのである。水晶宮と同じく、書庫はガラス中心の屋根に覆われ、書庫自体が自らを支えながら本を収納する、大きな鉄製構造になっていた。実際、パニッツィが考え出した建物内建物構造は、鉄図書館「the Iron Library」として知られるようになる。 『本棚の歴史』、p.194

大英図書館はもともとは研究者に向けたものだったが（現在の大英図書館も閲覧室利用には紹介状がいる）、作家、チャールズ・ディケンズ、オスカー・ワイルドらが通いつめた。そこは英国滞在中の外国人、カール・マルクス、マハトマ・ガンジー、ウラジミール・イリイチ・レーニンにも開放されていた。

> カール・マルクスが二十年間仕事に励んだのはこうした机の一つであり、小さなツアー・グループで訪れる来館者たちが一番知りたがるのは、どれがマルクスの机かということである。
>
> 『本棚の歴史』、p.199

パリのサント・ジュヌイエーヴ図書館は、幅八十五メートル、奥行き二十一メートルの平行四辺形の建物で、アンリ・ラブルーストによる鋳鉄製の柱とアーチ構造でつくられる大閲覧室が有名である。

> 公衆に開かれるようになったのは一八五〇年のことであった。読書室は七百人収容で、部屋の周囲に巧妙に二重の側面ギャラリーを配置して、手近に十万冊の図書を利用することができるようになっている。
>
> 『図書館』、p.67

図書館が都市にあって、あらゆる市民に開放された広場のように自由な空間であることは、20世紀になっても変わらない。東西を隔てる壁に囲まれた冷戦時代の緊張感にあふれた西ベルリンで、巨大な公共図書館（ハンス・シャロウン設計）が建設されたことは象徴的であった。

ヴィム・ヴェンダースが描いたくたびれた中年の天使が飛び回る映画「ベルリン・天使の詩」（1987）でも、図書館は彼らの疲れを癒す場所として描かれている。

> この画面はすべてモノクロームのみで現れるのだが、不思議な透明感と静寂さをたたえており、吹き抜けのある巨大な図書館の内部には、バルコニーの手すりの上やいたるところに天使たちがいる。いうまでもなく図書館とは膨大な時間の記憶を収蔵した場所であって、それゆえ、人間の歴史を太古から見続けてきた天使の憩いの場として使われるのはよく理解できる。それはある意味でいえば人間の「生」の時間を超えた永遠の時をもつ場所であるわけである
>
> 飯島洋一『映画のなかの現代建築』、彰国社、1996、p.140

◉ブラウジング・ルーム

本棚にある本を右から左、上から下へと眺め、自由に取り出し、さらに次から次へと本棚を巡り、そこで同じように本を漁り、やがていくつかの本を選び手に取り、それを抱えて閲覧席に運び、やっと落ち着いて本のページを開き、読む。ある章なりページなりを読み終えると、ふたたび本棚を巡る。我われがあたりまえのように知っている基本的な図書館の閲覧法、ブラウジング。書架と閲覧席を同じ空間に置く部屋を「ブラウジ

ここで言う閲覧室とは大英博物館の敷地中央、中庭（グレート・コート）内にあった図書閲覧室。1997年まで中央閲覧室として使われていたドームをもつ円形の大ホール。閲覧室の周囲外壁に沿って開架書架が設けられている。かつて周囲に図書館の閉架式書庫が併設されていたが図書館機能の中心がセント・パンクラスの大英図書館新館へ移行したのに伴い取り払われ、屋根付き中庭（サー・ノーマン・フォスター設計）となった。閲覧室のドーム棟は残され現在も壮大な閲覧室大空間を体験できる

ベルリン市公共図書館
Photo: Akira Koyama

ポンピドゥー・センター、パリ

ング・ルーム」と呼ぶ。

自由接架方式では、読者はじかに書架にあたって本を選ぶことができる。これがアメリカの図書館のブラウジングで、──これからブラウジング・ルームという図書館専門用語がのちにできた──この部屋では読者は、いかめしい取りしまりや、じろじろ監視されたりすることもなく、まったくのびのびと読書を楽しむことができるのである。

『図書館』p.94

しかしながら、現代の図書館利用者がブラウジングする資料《リソース》は本だけとは限らない。あらゆるメディアを横断して、自由に探し、立ち読みし、拾い読みできることが図書館に求められる。パリのど真中につくられた知の工場、ポンピドゥーセンターはそんな環境をいち早く実現した。

閲覧室にはあらゆる分野の専門的な範囲に及ぶ三六万冊の本、約二六〇〇タイトルの雑誌、一万部のレコードやCD、二六〇〇本のヴィデオ(商業映画、実験映画、ヴィデオアート、ドキュメンタリーなど)が備えられている。(中略)ある調査目的のために、広大な閲覧室を歩き回っているとき、ふと、とてつもない本に出会うこともある。BPIのスペースはまさに知の横断の身体的な場だ。

岡部あおみ『ポンピドゥー・センター物語』、紀伊国屋書店、1997、p.182

ブラウジングとは、さまざまなリソースを収蔵する図書館を歩き回ることによって、予期せぬ資料に出くわす経験のことも意味する。それはさまざまな情報にあふれた街を歩き回る経験に共通している。

ジョグジャカルタには夏貸しのアセチレン・ランプを点した古本屋の屋台が並んでいる街がある。ここを一軒一軒余り舌の廻らないインドネシア語でひやかす愉しみも大きい。縁日の屋台のアセチレン・ランプの臭いも我々の記憶から遠ざかりつつある今日、旅の中にありながら、こうした古本屋の屋台で思いがけないオランダ語の人類学研究の古典に信じられない廉価で出遭う愉しみには、他のもので換え難いところがある。

中村雄二郎、山口昌男『知の旅への誘い』、岩波新書、1981、p.120

現代都市にあふれている膨大な情報環境のなかに棲みつき、読書に変わる情報解読法を日常的に身につけてしまった我われは、ブラウジングに際して、図書館に準備された本や読書のオーダー(秩序)を必ずしも前提としないこともある。

新しい「読書の仕方《モドトウス・レゲンディ》」は、どのような様相を示しているのであろうか。まず第一に、それはまったく個人的で自由な姿勢をともなっている。地面に横たわって読むこともできれば、壁に寄りかかって、あるいは閲覧テーブルの下にすわって読むこともできる。また、一番古くよく知られたタイプとしては、机の上に足を投げだして読むこともできる。第二に、「新しい読者」は読書のためのふつうの補助器具——机、テーブル、書きもの机——等をまったく拒否するか、あるいは不適切な、つまり突拍子もない仕方で使ったりする。彼らがそこに開いた本を置くことはきわめて稀であり、むしろ好き勝手にとられる読書時の姿勢の無限の格好の中で、ある時には体を、またある時には足を、腕を支えるのに使われる傾向にある。

『読むことの歴史——ヨーロッパ読書史』、p.520

フェルメール「窓辺で手紙を読む若い女」、1657、ドレスデン国立美術館

しかし、このような勝手気ままなブラウジングという読書法に対して、眉をひそめる図書館員は昔からいたことを念のために書き留めておこう。

哲学者イマヌエル・カントは一七六五年、大学教員資格を取得して十年後に、「まことに不如意な物質的生活を楽にする一助として」、ケーニヒスベルク王宮図書館の下級司書の口を国王に願い出た。そして一七六六年に雇われたが、それは館内秩序に気を配るためだった。「ことに、本を好き勝手に引っ張りだしたり、図書室を一般の遊歩道がわりに使用するなど、以前からあつかましい振る舞いの絶えない不作法な若者たちがたむろしたときに」。カントは「まったくなじみのない、いやな分野に」勤めたことに気づき、哲学の正教授として、一七七二年職を退いた。

ゴットフリート・ロスト『司書——宝番か餌番か』、白水社、1994、p.95

ブラウジングの空間と自然光

閲覧室に外部からの自然光を均一に採り込み、快適な読書閲覧環境を確保することは、まだ閲覧室が大きな空間として形成されておらず、本棚に付属した書見台で本を開いていた時代から、建築家を悩ませた問題だった。

窓際の席が断然有利だった。一方、他の席は窓と窓のあいだにある長い壁のところに置くしかなかった。書見台に鎖でつながれた本を読むとき、このような場所によって利用できる光の量が異なり、最良から最悪まで幅があった。　『本棚の歴史』、pp.76–77

高い天井を持つ大空間を備えた閲覧室は、自然光をより多く確保するため、当然のことながら大きく高い窓をたくさん備えるようになり、図書館建築の外観にも影響を与えた。アメリカ議会図書館の書庫をデザインしたバーナード・R・グリーンは、

しかし、日光は「人間が依存しているものすべてのなかで最も不平等で不安定であり、太陽の位置や気象の変化に左右されやすい」とも書いている。さらに明るい太陽光は本の敵であり、「実は、暗いほうが本にとってはるかによい」ので「どうしても光を採り入れたいときは、同程度の費用をかけて、光を避ける用意が必要だ」と述べている。議会図書館には六百の窓があったので、ブラインドの上げ下げにはかなりの時間がかかっただろう。　『本棚の歴史』、p.207

◉閉架書庫

閉架書庫とは文字通り閉ざされた書庫である。一般利用者はここには入ることができず、図書館スタッフ(司書)と許可された者だけが自由に出入りできる空間である。

> 写字室では他の修道僧たちも仕事をしていますから、どういう書物が文書庫に収められているかぐらいは、目録から知ることができます。でも蔵書目録というのは、多くの場合、ろくに実態を教えてくれませんから、結局は文書館長だけが、書物の置いてある場所やそこまで達する難易度を手掛かりに、真実のものであれ、虚偽のものであれ、どの程度の秘密がそれぞれの書物のなかに隠されているのかを、心得ているのです。
>
> ウンベルト・エーコ『薔薇の名前』(上)、東京創元社、1990、p.64

司書は、利用者から請求のあった本を密集した本棚の間を歩きまわり、それと探し当てる。現代の図書館では開架式の書棚と閲覧室が主体だが、創造的な図書館の利用者はこのような設備とサービスを知り、効果的に活用するべきである。

> 陰気な暗闇が続くなかに電線が数本走り、通路の一本おきに、六十ワットの裸電球が二十フィート程度間隔でぶらさがっているだけだった。図書請求票はすべて管を通って届き、請求が来るとすぐに、電池二本入りのごつい懐中電灯を手に取って、狭い暗がりに潜り込み、目指す本が映し出されるまで、棚の一つ一つを照らして行き――たいていの場合――本を手にして戻った。
>
> 『本棚の歴史』、p.213

閉架書庫に収蔵した本の重量は半端ではない。そこは本を収蔵するためだけに当てられる機能的な空間で、人間の居心地よりも、書棚の高さをクリアするだけの最小限の天井高を確保すればいいわけだから、建築の構造計画では地階に置かれることが多い(反対に大きな空間を確保する閲覧室は天井が高い)。

びっしりと本に囲まれた空間は本好きにはたまらないのだが、そこは暗がりが支配する空間であり、孤独な空間でもある。閉架書庫には幽霊が棲みついていて、請求された本を探しにひとりでくる司書にいたずらを仕掛けてくる。映画「ゴーストバスターズ」でかいま見ることのできるニューヨーク公共図書館の書庫である。最初から3百万冊以上の本を入れられる63マイル(100キロメートル)超の棚を備えた書庫を組み込むように設計されたニューヨーク公共図書館は、

> のちにおなじみになる配置方法により、書庫は階下に置かれて、大きな閲覧室の床を支え、本は「人類の知識を集めた階下の宝庫から、単純に床を通して直接引き上げられる」ようになっている。閲覧室を建物の下の階ではなく上階に置くという発想は、中世の図

書館と同じくらい古い配置を思い出させる。ニューヨーク公立図書館の正面は西向きで、ブライアント公園に臨む壁面に、狭い間隔で細長い窓が開いているが、これもまた、書見台や個人閲覧席が設置された中世の図書館の柱割りを想起させる。窓のあいだの大理石壁は、まるで柱のように、大きなアーチ形の窓を支え、そこからさらに強烈な光が閲覧室に差し込んでいる。実はこうした帯状の窓配列は数多くの図書館建築で採用されているので、書庫の場所を突き止めるのは簡単である。(中略)窓から光を入れるとしても、だいたいは小さな窓がたくさん開いているのがせいぜいで、ごくわずかしかないものもあるからだ。デザインに組み込まれたこのような窓は、物理的理由よりも心理的理由のために使われているらしい。職員しか書庫に入れない場合は、こうした配慮はまったくされないが、一八九〇年代の初めには、図書館利用者が入れる開架書庫を望む声が高まった。そこに閉所恐怖症の人間が含まれていたことは間違いない。　『本棚の歴史』、pp.210-213

多摩美図書館の地下には集密書架が並ぶ閉架書庫がある。その他のほとんどは空隙であり、幽霊が潜む闇はない。建築上部すべてを支え、地震の揺れを吸収する「免震構造」という、エンジニアリングに支配された天井の低い地下空間が広がっている。

イェール大学バイネキー稀覯本図書館

稀覯本を集める収蔵庫は、通常、一般の利用者の目の届かぬ建物の奥深くに設けられるが、イェール大学の図書館では、ちょうど日本や中国寺院における経蔵のように見える巨大な書棚をまわりから眺めることができるように、何層分も吹き抜けた空間に設けられている。もちろん、本を傷める自然光は巧みにコントロールされている。

イェール大学にあるバイネキー稀覯本写本図書館(スキッドモア・オウイングス&メリル社のゴードン・バンシャフトによる設計)では、

建物上部の最も目につく部分に窓はなく、ヴァーモント大理石とみかげ石の壁で覆われている。だが、建物に使われている大きな半透明の大理石製鏡板は、厚さが四分の一インチしかなく、内部の空間を照らすのに十分な光を通す。　『本棚の歴史』、p.209

同じような稀覯本収蔵庫はセント・パンクラス駅に移された大英図書館ホワイエにも出現した。地階から地上4階までの吹抜けを貫通する、稀覯本書架の巨大な塔である。それは、だれもが自由に出入りできるカフェをも突き抜けているので、現代の気ままな図書館利用者は、中世の写本(の背表紙)を眺めながら、コーヒーを飲み、サンドイッチをぱくつくことができるのである。

◉キャレル…個人的な読書環境

亡命中のヴァルター・ベンヤミンは、パリ国立図書館の一角に専用の閲覧席を確保し、そこで著作活動を続けていた。『パサージュ論』は、ボードレール時代のパリに関する図書館におけるアーカイヴズを駆使して書き上げたその草稿を後に編纂したものである。草稿をナチスの収奪から守ろうと、迷路のような図書館の収蔵庫、書棚の一角に隠し置いたのは、当時、司書であったジョルジュ・バタイユであることが知られている。

パリ国立図書館のヴァルター・ベンヤミン

田中康夫は大学在学時に小説『なんとなくクリスタル』を書いたが「午前中は、国際関係論やマーケティングの本を、午後は、経済や広告関係の専門雑誌のバックナンバーや、小説を、図書館の書庫から引っ張り出して読んだ」(『図書館逍遥』、p.175)りして書いたし、「菊池寛は高松から上京した翌日に上野図書館に行き、大橋図書館、日比谷図書館を利用」(前掲書、p.68)する、というように図書館をわたり歩く者もいた。

> 亡命者たちは祖国を追われ、亡命した国の図書館でそれぞれの代表作を書いた。マルクスは大英博物館で『資本論』を、ベンヤミンはパリ国立博物館(図書館：引用者註)で『パサージュ論』を、レーニンはチューリッヒ県立図書館で『帝国主義論』を、レヴィ・ストロースはニューヨーク市立図書館(ニューヨーク公共図書館：引用者註)で『親族の基本構造』を書いた。
>
> 小田光雄『図書館逍遥』、編書房、2001、p.25

彼らは、それぞれ図書館閲覧室の一角にあるデスクに、自分の著作や研究活動のために居心地のよい場所をつくり上げ、そこに毎日のように通いつめた。だが、そのような快適な空間は、なにもアカデミックで大規模な図書館だけに確保されていたわけではない。J.K.ローリングは失業中、子どもを抱えながら喫茶店で『ハリー・ポッター』を書いた。

> 『泥棒日記』で知られるジャン・ジュネは獄中で『花のノートルダム』や『薔薇の奇蹟』を書いたという。ジュネは後年、古典的で典雅な文体をどのようにして体得したのかと問われ、「刑務所の図書館の蔵書がよかったからだ」と答えた。　『図書館逍遥』、p.25

パリの街に戻って以降のジュネの書斎は、部屋から見下ろすことができるカフェの小さな丸テーブルであった。

ベルリン公共図書館では、修論や博士論文をまとめる大学生に対して一定期間、閲覧席を貸し出すシステムがある。そして、生活のほとんどを図書館で費やす利用者のために、閲覧環境以外のしつらえ、カフェの考慮も忘れてはいない。図書館に併設されたカフェは、おしゃべりに花を咲かせる学生や若者で、いつもにぎわいを見せている。

> コロンビア大学の全部の蔵書を合わせると一九五五年には二百八十七万三千冊を数え、うち八十二万一千冊が総合図書館のものである。(中略)総合図書館には大閲覧室とブラウジング・ルームがある。教授や研究員たちは、間仕切りされ電話や書類整理箱をそなえたキャレルを長期にわたって使用することが出来る。(中略)ブラウジング・ルームがついに大学図書館においても採用されるにいたった。その最もデラックスなものは、その最盛期に設置された。たとえば、一九三七年ごろに、ダルムート・カレッジ図書館の塔に設けられたブラウジング・ルームは、読書のために供されており、ここで喫煙したり、コーヒーをとったりすることもできた。
>
> 『図書館』、pp.131-132

●ラボラトリー

印刷術が普及する以前の本は、修道院などの写本工房でつぎつぎに生産されていたことは前に書いたとおり。かつて本が読まれ収蔵される場は、意味の上からも物理的にも、本が造られる工房《ラボラトリー》と重なっていた。

> 写本工房には三種あった。修道士たちがそこでいっしょに仕事を

し、時には図書館の役目も果たす共通の大広間のある写本工房が、ベネディクト会の修道院では最もふつうであった。今なおサン=ガルに保存されている一つの絵が、九世紀のそのような写本工房の図面を示しているが、それによると中央に一つの大きなテーブルがあり、前下がりの書きもの机が壁に向かって七つ並んでいる。シトー会の修道士たちは小さな個室の方を好んだ。これらの個室は最も学問のある修道士たちが筆写するためにばかりでなく、自分たち自身の著作をするためにも役立ったのである。最後に、時としては修道院の回廊の写本工房が見いだされる。そこに陣取った写し手たちはトゥルネイの聖マルタン修道院におけるように、気候不順に対してはおおわれた回廊によって保護されるのみであった。あるいは多くのイギリスの僧院に見られたように、この回廊の一部が仕切りで閉ざされて区画されていることもあった。

エリク・ド・グロリエ『書物の歴史』、白水社、1992、p.46

すべてデジタル化された現代の本づくり工程に、アナログな凹凸を持った文字、すなわち実体をもった活字はすでに存在しない。デジタル情報が、紙の上のインクの染みとしてつかの間、現れるのが現代の本であり、我われはかならずしもそこに実体を認めようとしなくなってしまい、かわりにグーグルの検索技術をはじめとするデジタル化された書誌やアーカイヴに価値を見いだそうとし始めているのではないか。幸い、「せんだいメディアテーク」の地下の印刷工房には、ヴォランティア・スタッフが毎日のように通い詰め、印刷機や活字のメンテナンスを行い完璧に動体保存されており、毎月定例のワークショップには初心の申込者が殺到している。皮肉なことだが、グーテンベルク以来のアナログな本づくり工程を、すべて目の当たりにできる工房が、メディアテークの地下で活況を呈しているのである

21世紀初頭にオープンした「せんだいメディアテーク」はメディア全般を扱う図書館である。その開館間際、あるきっかけで活版印刷機の寄贈を受けた。デジタル時代の本やDVD、新しいメディアの文化や芸術は想定したが、15世紀以来の本をつくり続けてきたアナログな鉛活字と印刷機の想定をしていなかったことに気づかされた。それはドイツ・ハイデルベルク社製のすばらしい機械で、我われは設計スタッフと共謀し駐車場脇の倉庫をひそかに「地下印刷工場」と呼び、施設オープン後に動かそうと謀った。オープニングイベントのために、市内印刷工場をリタイアした植字のプロフェッショナルが機械を完璧にメンテナンスし、活版の見事なページを刷り上げたことから、公に認知されることになった。

書記たちのあいだには一種の分業がおこなわれていた。少なくとも最も重要な写本工房においてはそうである(各写本工房は三人ないし二〇人の写字生をかぞえることができた。それ以上を超えることは稀で、一二人がふつうであった)。若い修練士やあまり巧みでない修道士は日常一般の容易な仕事をした、そしてlibrarii「図書係」またはscriptores「写本係」と呼ばれた。りっぱな能書家、antiquarii「古書係」はもっと入念な書物をこしらえる役目を帯びていた。飾り文字や、細密画や、その他の装飾は専門家、すなわちrubricatores「装飾画家」、miniatores「細密画家」、あるいは後のいわゆるilluminatores「飾り文字画家」の仕事であった。最後に校正者または校閲者がいた。これは大てい工房の長であった。ひとたびでき上がった手写本は専門家illigator librorum「製本師」によって製本された。時として、僧院は世俗の書記を雇って、写本の仕事や、──そしておそらくこの場合が多かったと思われるが、──彩色の仕事をさせた。イギリスではアングロ=サクソン期の末に、写本の一切の仕事が世俗の人々によってなされた僧院が見出される。　『書物の歴史』、pp.46–47

このような写本工房でつくられる本は、美しいタイポグラフィによる本文と、絵や装飾で飾られたページからなる芸術品である。その本を深

現代の本の読み手は、さらに過去の読者が経験したことのないほど膨大な量の、そして多様になったリソースにさらされている。

「書物やその他の印刷物は、したがって、他の情報伝達を体験し文化需要の別の手段(オーディオ・ヴィジュアル的な手段など)を身につけた読者大衆──現に存在しているし、将来も存在するだろう──と、初めて接することになった。この読者大衆は動いていくメッセージを読むことに慣れており、多くの場合電子機器(コンピュータ、ビデオ、ファックスなど)によるメッセージを読んだり書いたりしている。(中略)リモコンの使用がテレビを見る者に瞬時にチャンネルを変えることを可能にした。(中略)こうしたチャンネルの変更は「ザッピング」zappingと呼ばれているが、(それは)まったく新たな個人的消費の手段であり、オーディオ・ヴィジュアル的な個人的想像の未曾有の手段となっている」　『読むことの歴史』、pp.515-516

マルチメディア化したインフォメーションは、歴史的な蓄積のある本とは異なったブラウジングの方法を我われに開発することを要求している。しかしながら、そのような情報環境は我われにスキゾ的な振る舞いのブラウジング法を強いるだけではないだろう。現在、80億ページとも言われるウェブページ数を前にして、その資産をゴミと呼ばず、有効なアーカイヴとしてブラウズできるようにした、検索エンジンを開発したグーグルの試みが参考になろう。グーグルのCEOですら、その道が容易ではないことを認めているのだが……。

「文字情報一つとっても、本や雑誌など、検索できないものの方がまだずっと多い。外国語の検索も課題で、自動翻訳の研究も進めています」
エリック・シュミット(米Google社CEO)『朝日新聞be』、2007年5月5日付

く理解するためには、当時の写本工房のアナログな作業の流れを頭のなかで再現する必要があろう。大判2つ折りの判型を持った羊皮紙の写本の、その強張《こわば》ったページの角に指をかけて、丁寧に捲《めく》る動作ひとつとっても、現代の小さく柔らかい機械漉きされた洋紙ページの本に馴染んだ我われの読書経験から、はるかに遠いところにある。『薔薇の名前』で展開された事件を解く鍵は、このような大きな本のページ捲り(のインタラクション)に隠されていたことをもう一度思い起こしてみるべきである。

> 師の手が非常に壊れやすいものを、たとえば細密画を施し終わったばかりの手写本や、古くなって無酵母パンのように脆《もろ》くなり、崩れかけたページなどを取り扱うときには、少なくとも私の目には、師が並はずれて繊細な触覚の持ち主であり、職人が自分の機械仕掛けに触れるときとまったく同じ手つきをしているように見えた
>
> 『薔薇の名前』(上)、pp.31-32

現代の図書館でも、美術やデザインに関する本や論文を書き、編集するための閲覧環境を整えていくと、古《いにしえ》の修道院にあった写本工房の、そのしつらえに止めどもなく近づいていくことに驚かされる。修道院の写本工房は、その教育的効果はいうまでもなく、修道士の読書習慣をかたちづくっていた。本を「読む」だけでなく、ページ全体を眺め、文章を声に出し、それを筆写し、絵を写し、さらに注釈を書き込んだ、すべての本とのコミュニケーションの工程を、工房で目の当たりにできたからである。

◉アーケードギャラリー
…現代の(ライブな)文化や芸術のブラウジングルーム

図書館の利用法についての最後のチャプターは「都市」についてである。都市には、さまざまな情報が溢れているから、もともと書物のメタファで語られることが多い。時代時代の文化を反映しつづけてきた生きられた都市を歩くことは、いつでも新しいメディアとインフォメーションからなる環境に身を委ねコミュニケートすることでもある。都市を経験することのなかに、その時代をブラウジングする(読み取る)手がかりがあるのだ。

ヴァルター・ベンヤミンは19世紀パリにつくられた外部空間を内部化した空間「パッサージュ」が、新しい文化的(文化的とは言えないようなものも)出来事を発生させる新たな都市空間として読みとっている。

> 「光を天井から受けているこうした通路の両側には、華麗な店がいくつも並んでおり、このようなパサージュは一つの都市、いやそれどころか縮図化された一つの世界とさえなっている」最初のガス灯がともったのはこれらのパサージュにおいてである。
> 都市空間を内部化することは、人々の生活の中に都市の情報が流れ込んでくることでもある。前世紀の中葉に建てられたベルリンの家のファサードはこうしたもので、出窓は張り出しているのではなく、(外部空間の)壁龕《ニーシェ》となって内側に入り込んできているのである。街路が部屋になり、部屋が街路になる。見回しながら歩く通行者

はいわばこの出窓の中にいることになる。

ヴァルター・ベンヤミン『パサージュ論』、第3巻、岩波書店、2003、p.51

サント=ジュヌヴィエーヴ図書館。『書棚の歴史』より

鉄骨構造は、パサージュの天蓋とともに歴史的古典的建築から解き放たれた建築、すなわち鉄道駅や都市の生活を支える巨大な市場などに導入される。細い骨組みによって得られたガラス張り天井を透過した、光に満たされた巨大な空間は、やがてほかの伝統的で因習的な建築、図書館や公共施設にも導入されていく。都市のさざめきはとうとう図書館の閲覧室のなかにも侵入してくるのである。

鉄に適した新しい組合せのおかげで、鉄の使用がこの時期に急増した。このジャンルでは、まず初めに、さまざまな意味で注目すべき二つの作品、サント=ジュヌヴィエーヴ図書館と中央市場《アール》の名をあげておかねばならない。中央市場は……真の典型となり、そのコピーがパリやその他の都市で繰り返し建造されて、まるでかつてのわれわれのカテドラルのゴシック様式のようにフランス中に広がり始めたのだった。……細部においては、顕著な改良が見られた。まさに記念碑的というべき金属装飾は、豊かで、優雅になった。柵や燭台型街灯やモザイク模様の鉄製舗板は、美の追求の努力が成功した場合が多かったことの証人である。

E.ルヴァスール「一九八九年から一八七〇年までのフランスにおける労働者階級と産業の歴史」『パサージュ論』第1巻、p.271

ベンヤミンが注目した19世紀末のパリから、時と場所を隔てたアメリカの20世紀都市に注目し、その書物を書き上げた建築家がいる。レム・コールハースは、ニューヨーク・マンハッタンという都市が形成される揺籃期に、さまざまな文化的な(時には文化とは呼べないような世俗的な)蠢きがあったことを、都市と建築のアーカイヴから再構成して見せた。その象徴的な複合建築は「ダウンタウンアスレチックス」という重層したプログラムをもった施設である。それは、単にマンハッタンを代表するだけでなく、現代的な総合図書館(メディアテーク)の姿を予見しているように見える。

ウォール街の金融ジャングルに対して、クラブは洗練の極地をゆく文明という相補的なプログラムを対立させる。ここではあらゆる種類の施設——すべて明らさまにアスレチックに結びついた施設——は、人間の肉体に活力を取り戻させるために存在している。(最下階は普通のアスレチック用施設だが、七階にゴルフコース、九階でエレベーターを降りロッカー室でボクシング・グローブを付け、十階ではトルコ式浴場、マッサージ、人工陽焼け、「洗腸」療法などの施設が、十二階は水泳プールが。そして、:引用者註)その上の五つのフロアは、食事、休養、社交といった活動に当てられている。そこには客同士のプライバシーが保たれた食堂のほか、厨房、ラウンジ、さらに図書室まである。下のフロアで激しい運動をこなしたあと、運動家たち——男らしさに憧れるピューリタン的快楽主義者たち——は準備万端整えて、十七階の屋上庭園の小さなダンス・

フロアでとうとう異性つまり女性と向き合うのである。二十階から三十五階までは寝室しかない。

レム・コールハース『錯乱のニューヨーク』、筑摩書房、1995、p.261

21世紀の都市に建った「せんだいメディアテーク」の施設のコンセプトは「あらゆるメディアに開かれ、情報のハブになること」「常に完成しないこと」である。利用者は、現代都市というメディアとインフォメーションの集合体としての施設を自由にブラウジングし、同時にブラウジングの方法を学ぶのである。しかし、「学ぶ」といってもそのスタイルは自由で、映画を観ることも、カフェに腰掛けイベントを眺めたりする利用もそのひとつのである。直接都市に面した1階は、物理的にも通りすがりの人びとに開放されており、講演やコンサートを行うホールとカフェは、まるで都市の広場が建物のなかに入り込んだかのようである。

ザンクト・ガレンのヴェネディクト会修道院図書館。
バロック式図書広間は展覧会場としても使われていて、年中交替で展覧会が催される。今世紀前半におけるこの図書館の見学者は三千人から六千人であったが、一九六八年には七万七千人になり、その後は増加する一方である 『ヨーロッパの歴史的図書館』、p.170より

オーストリア国立図書館。
この素晴らしい豪華な大広間は、バロック式図書館の中心として学問や研究ばかりでなく、展覧会や宮廷社交界の会場としても使われていた。ハプスブルク王国の君主たちの図書コレクションは、最高の見どころのひとつとしてみなされていたので、旅行者や学者そして〈身分の高い外国人〉がここを訪れた。彼らはここで古い地球儀を鑑賞したり、陳列棚にある写本や稀覯本を眺めたのであろう。とくにみごとなものは一七三七年にオイゲン王子から入手したコレクションであり、これらの本の背や表紙には王子の紋章を打ち出した赤いモロッコ革の装丁がほどこされている。宮廷コンサートやオペラも、この豪華な大広間で演じられたのである。（前掲書、p.108）

古典的な図書館でも行われてきたイベントや催し

図書館が、独自の催し物や所蔵の稀覯本の展示を行ったり、所蔵書の著者による講演会を行ったりすることは、以前からあった。ザンクト・ガレンのヴェネディクト会修道院図書館での催しはどんなものだったのだろうか。

この広間は最高級の芸術作品であり、訪問者は貴重品の入った陳列棚に目を奪われてしまう。本や絵に関するさまざまな展覧会（古い装丁本、ザンクト・ガレン所蔵のアイルランドの写本、あるいは中世の旅行）といった催しにより、本と図書館の世界はさらに愛好者を増やしていくのである。

ヴィンフレート・レーシュブルク『ヨーロッパの歴史的図書館』、国文社、1994、p.170

図書館のブラウジング・ルームがコンサート・ホールとして使われることもある。ウィーンの宮廷図書館館長ゴットフリート・ヴァン・スウィーテン男爵は、モーツァルトを「日曜アカデミー」に招聘した。今日の国立図書館で、モーツァルトはもっとも有力な後援者だった男爵のためピアノを演奏したのである。

モーツァルトはここで一七八七年から数年のあいだ、みずから編曲したヘンデルのオラトリオとカンタータの指揮をした。今日もなお音響効果は無類に良くて最高の環境のこの丸天井の間で、シンフォニーや合唱付きコンサートや嬉遊曲が鳴り響くのである。

『ヨーロッパの歴史的図書館』p.108

3-2　創造的図書館利用のてびき
――空間・施設・設備・家具デザインのコンセプト

鈴木 明・中山英之・庵原義隆

ここでは多摩美術大学図書館につくられた、具体的な空間や施設設備と家具のデザインコンセプトとその利用について述べて行く。

前節では、さまざまなテクストに描かれた、はるか昔から本と人との間で交わされてきたさまざまな読書のスタイルと、現在にいたるまでの図書館の設い《しつら》を概観することから、それを利用する人々のさまざまな姿をかいま見ることができた。

情報技術発達の猛烈な速度の中で、時代遅れになりつつある「本」という歴史的メディアは、かくも壮大な建築と一方では居心地のよい場所を創り、かくも巧妙な家具や設備を生み出してきたのである。それにも増して、図書館という本を収める空間は人々に対して、かくも豊かな振る舞いと愉しみを与えつづけてきたことか。

本は単なるオブジェではない。本は、人によって読まれることで生きられるのである。図書館がただ書棚が集積した収蔵庫ではなく、このような人と本の間に交わされるパフォーマンスを可能にする空間であり続けて来たのである。

この節が扱うのは現代の図書館利用法である。それは多摩美術大学図書館の創造的活用法であり、それは図書館の愉しみ方（インタラクションデザイン）でもある。

歴史的な本や図書館における営みを学びながらも、以下に紹介する図書館利用の方法やしつらいは、現代の世俗的な文化や科学技術の発達の過程で、われわれが身につけた日常的な振る舞いをも多く取り入れている。そのことに読者は驚かれるかも知れないのだが、インターネットによるウェブにおかれた80億ページという（2004年グーグルの発表による）膨大なアーカイヴを高度な検索技術を用いて、だれもが（小学生も）ブラウジングしているという事実を思い起こせば、それが荒唐無稽な図書館利用法だと決めつけることはできない。

むしろ、現代の図書館においては（特に美大の図書館では）、新旧のメディアの間を自由自在に行き来して、その資料を自由に使いこなすことのできる、リテラシーが必要とされていると考えるのである。そして、そのリテラシーはさまざまなインフォメーションとコミュニケーションが交錯する、自由で開放的な場において身につけることができると考えるのである。

以下、建物の「配置」「基本的な空間の構成」「構造計画」「設備計画」「施工」について述べ、さらに具体的な要素、すなわち空間（アーケードギャラリー、ラウンジ）、施設（カフェ、ラボラトリー）、設備（メディアバー、インフォシェルフ、閲覧デスク）、家具（メディアソファ、マグテーブル、大型本書架）といったまとまりごとに、デザインコンセプトとその活用方法を、シナリオ、プログラム、シミュレーションなどを通して解説して行く。

配置／図書館のある敷地

大学の顔（シンボル）としての図書館、インフォメーションセンターとしての図書館。

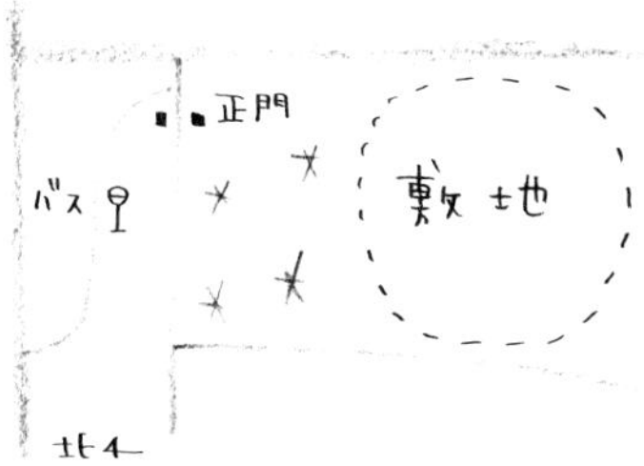

「大学の顔」になる場所に敷地が決まりました。

↓

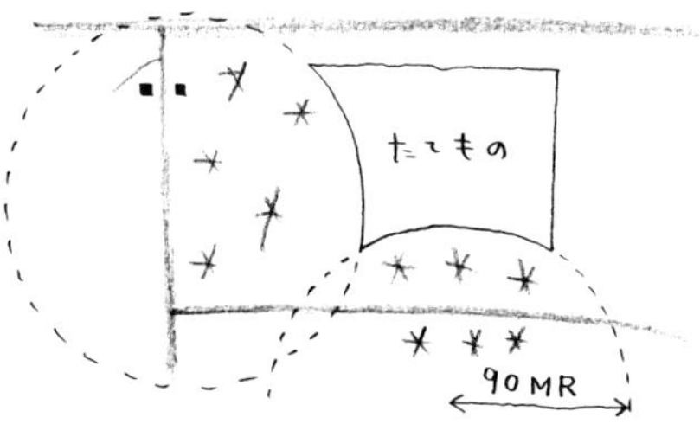

たてものの北と西にある樹木のゾーンを拡げるように、たてものの2面は半径90MのR形にしました。

↓

樹々と同じように、足元では細く、上で広がって2階と屋根を支える構造にしました。柱の配列もランダムで木立ちのようです。

敷地の勾配1/20をそのまま1階にとり入れて、バス停に行き来する学生の寄りみちのルートになるように考えました。

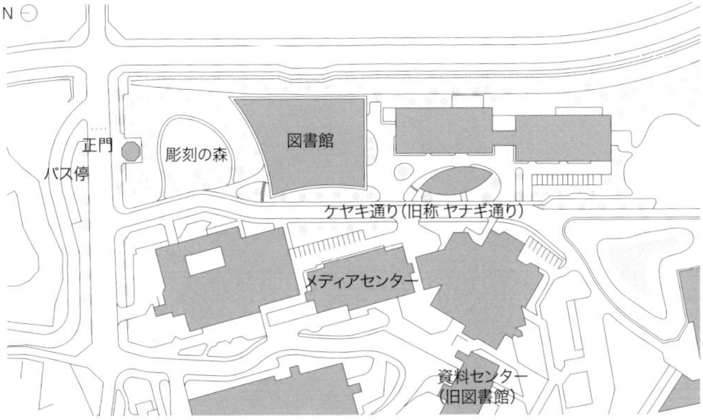

大学（全体）の顔として…配置｜玄関口にあること、シンボル的な存在感。
インフォメーションセンターとして…大学内外の学生・教員・スタッフ、そしてコミュニティのための情報ハブとして（独自のコンテンツとアーカイヴを作成発信も）。

図書館の建つ敷地は大学正門に近く、ケヤキや柳の立ち並ぶ、キャンパスのメインストリートに面している。学生、教員・スタッフ、来訪者は、正門をくぐると木々の向こうに見える、図書館の北側立面を眺めながら、ゆるいスロープを登る。

キャンパス内の建築配置の特性によって、図書館は、そのファサードが大学のイメージをかたちづくり、キャンパスのシンボルとして位置づけられることになり、さらにインフォメーションセンターとしての機能が求められた。平滑なコンクリート駆体とガラスによる立面とアーケードギャラリーのインフォメーション機能は、このようにして形成された。

一方、資料アーカイヴズの機能を持つ旧図書館、メディアセンターに、新図書館がネットワークされることで、学内に総合的なメディアテークが完成することになる。

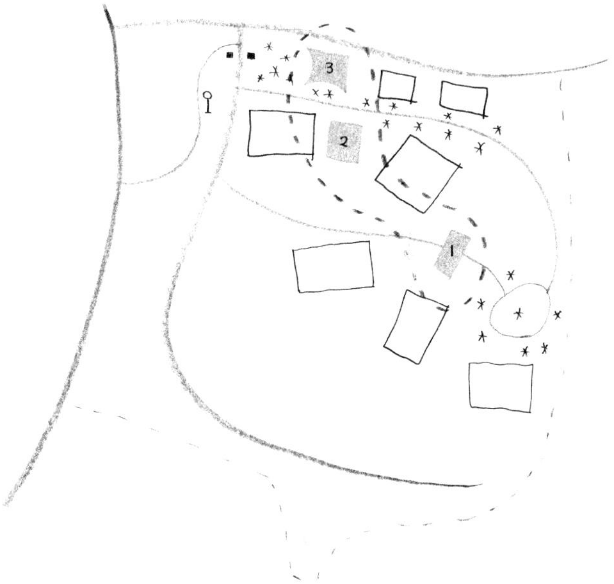

1、資料センター（旧図書館）
2、メディアセンター
3、新しい図書館
} メディアテーク

基本的な空間の構成

1階はエントランスからの斜面に連続し、通り抜けできる空間「アーケードギャラリー」「カフェ」部分と、アーチの間をショウウインドウとして用いる「インフォシェルフ」を挟んで、図書館機能がまとまる。入口ゲートを入り、左手に一望できる空間は雑誌やAV資料のブラウジングルーム。グループで利用する「AVブース」、北東のコーナーにはリラックスした閲覧が可能な「ラウンジ」がある。一方、ゲート右手、南側カウンタ奥には、図書館スタッフの「オフィス」、「ラボラトリー」がある。2階は、ワンルームの大きな図書閲覧室。南側に「インフォシェルフ」を挟んで、「閉架書庫」が控えている。閉架書庫はアーチを通して内部を見ることができるが、ふたつのアーチ奥には「ラボラトリー」がある。書庫の奥には修論、博士論文生や教員のための個人閲覧席が用意されている。

地下は一般利用者には開放されていないが、稀覯書などのための保存書庫と10万冊の集密書庫、収蔵庫と機械室がある。

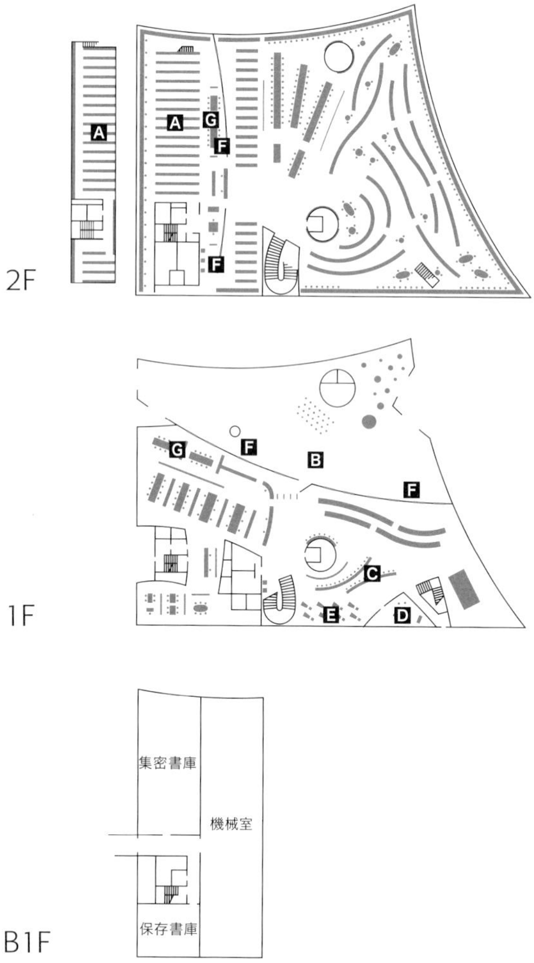

A 閉架書庫
B アーケードギャラリー
C メディアバー
D AVブース
E メディアシート
F インフォシェルフ
G ラボラトリー

建物は上下2層。「インフォシェルフ」が視覚的連続性を保ちながらもそれぞれの階をふたつに間仕切る。
1階は、エントランスからの斜面に連続する勾配を持った床面。

閉架書庫　A

閉架書庫は学生や教職員なら誰でも立ち入ることができます。入庫には学生証・教職員証が必要です。

2階メインスペース

2階は大部分が開架エリアです。ゆるやかな曲面を描く書架には美術関係の図書が配架され、資料をゆったりと探せるようになりました。

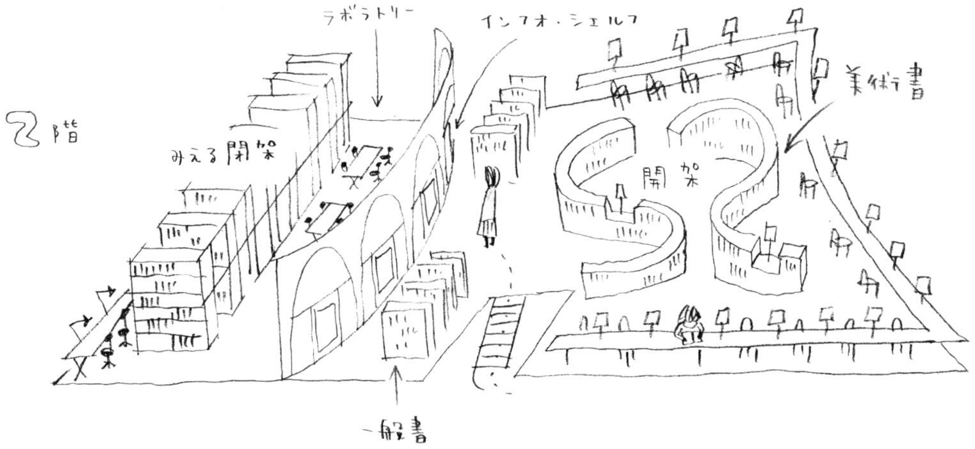

アーケードギャラリー　B

図書館のドアに入る前のギャラリー。インフォシェルフや設置されたモニターを通していろんな情報が飛び込んでくる場所です。

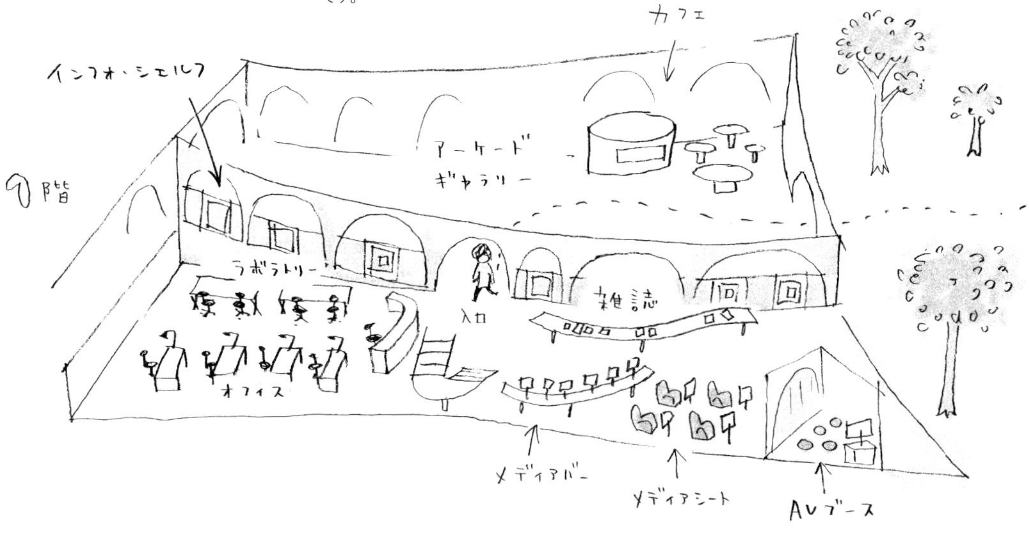

1階メインスペース

図書館1階のメインスペースは、雑誌や映像をブラウズする（ざっと見る）ためのエリアと、じっくり映像を見ることができるエリアがあります。

構造計画

＊建築構造は、鉄板をコンクリートで包み込んだ鉄骨コンクリート造。
＊曲線のグリッドに基づいて配置された自由なスパン（梁間）、高さをもつアーチ構造で、足もとは200ミリ×400ミリの長方形が２枚クロスした、細いものとなっている。
＊開放的なつくりとし空間の利用効率を高めるため、地下部分に免震装置を装備。

図書館という厳しい荷重条件の建物を、視線をさえぎる壁がまったく無い構造で造ることはとても難しい。特徴的なアーチ型の構造は、こうした難問を解くために考案された。柱を１本だけ眺めてみると、上に向かって広がっていく形をしていることがわかる。１本１本の脚がグラグラしないように、三角形の板で脚と天板をがっちりと固定したテーブルを想像してみて欲しい。そうした補強をなめらかなカーブでつないでいくことで、バウンドするボールの軌跡のような、連続するアーチの空間が浮かび上がってくるのである。図書館は、こうしたテーブルが二段重ねになったような構成をしている。樹木のように上に向かって大きく広がる柱なのであるが、では、人が歩き回るその柱の足もとをどこまで細くできるのか。建築構造家の佐々木睦朗が示したのは、小さな十字形の平面図であった。そこには、鉄板の骨をコンクリートでくるんだ、20センチ×40センチの長方形が２枚クロスした様子が描かれていた。アーチをすべて丈夫な鉄板で造れば、柱は極限まで細くできる。しかし、鉄板だけでは火災に耐えられないし、補強のために広がった部分で横にたわもうとする力を抑えることができない。だが、すべてをコンクリートでくるむことで、この問題は解決される。コンクリートは限られた力しか受け持たないので、アーチ型の壁厚はわずか20センチしかない。この十字形がさまざまな角度でクロスし、湾曲しながらつながっていくことで、どちらを向いても外に抜けていくような、地上の洞窟のようなインテリア空間が出現した。丈夫な幹と、大きく広がる枝に支えられた床は、こうして造られている。自然の樹木が強風や巨大地震に耐えられるのは、しっかり張った根としなやかな幹のおかげである。堅固な鉄骨コンクリートのアーチには、このしなやかさが足りない。この建物で巨大地震の衝撃を和らげるのが、地下に取り付けられた免震装置である。建物は、柱の足もとと杭のつなぎ目に取り付けられた、24個の「積層ゴム」と、水平方向に自由に滑る27個の「すべり支承」で空中に持ち上げられている。巨大地震の際には、1,000トン以上ある建物全体が、最大50センチゆっくり横にスライドして、この衝撃を和らげてくれる。重い美術書が満載された書架の間を安心して歩き回ることができるのも、この装置のおかげである。

上に向かって広がる柱

これがアーチ足元の断面だ!

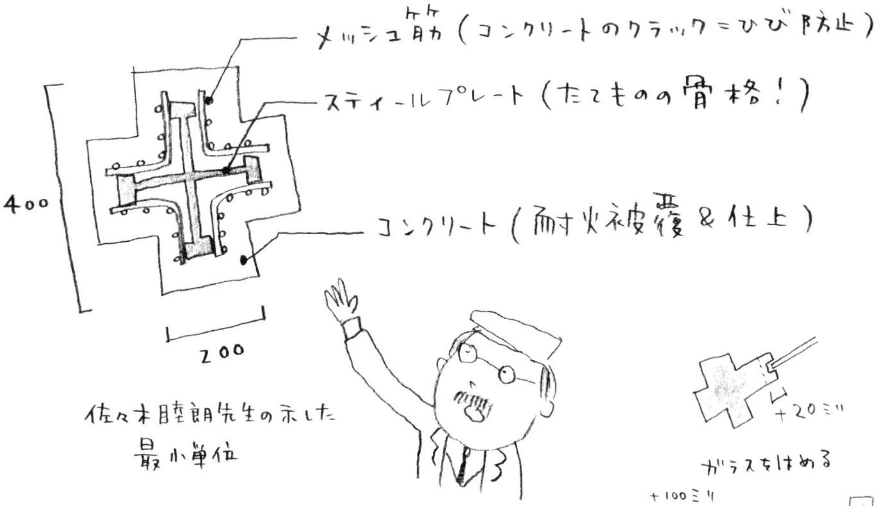

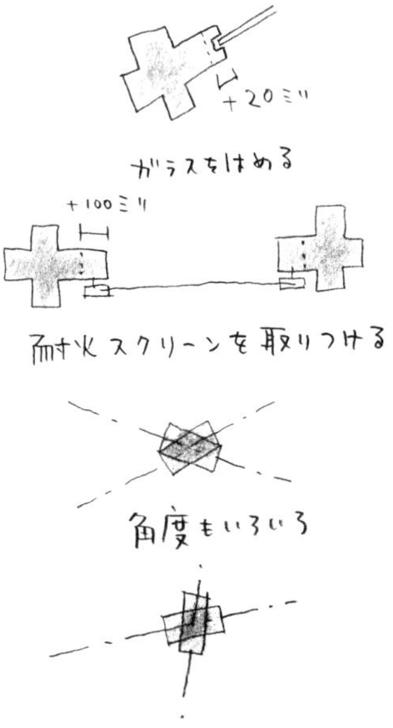

ガラスをはめる…耐火スクリーン
レールを受ける…
足もとの形はさまざまなアイテムを
受けるために、千差万別

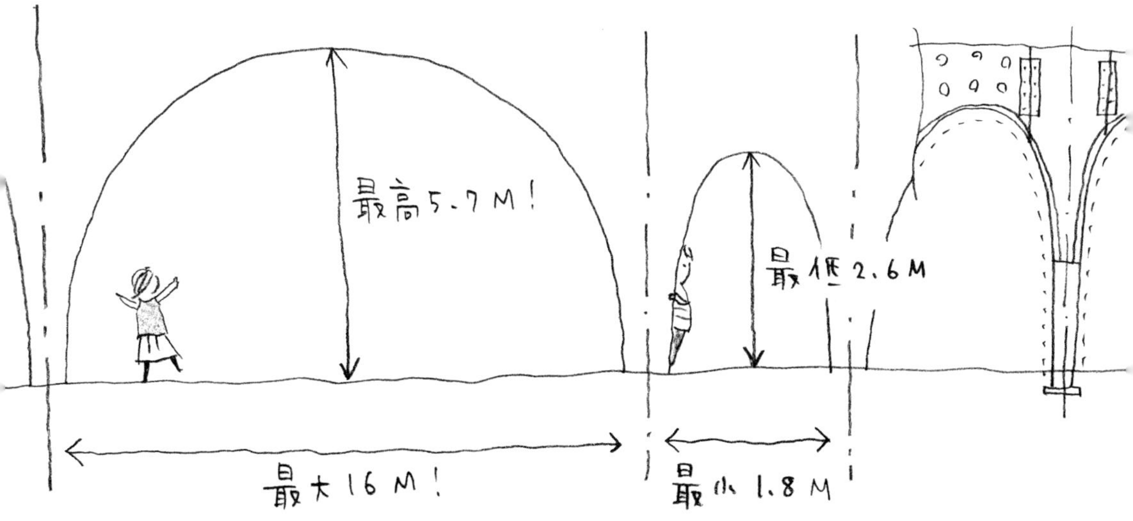

自由なスパン、自由な高さをベジェ曲線で結びました。

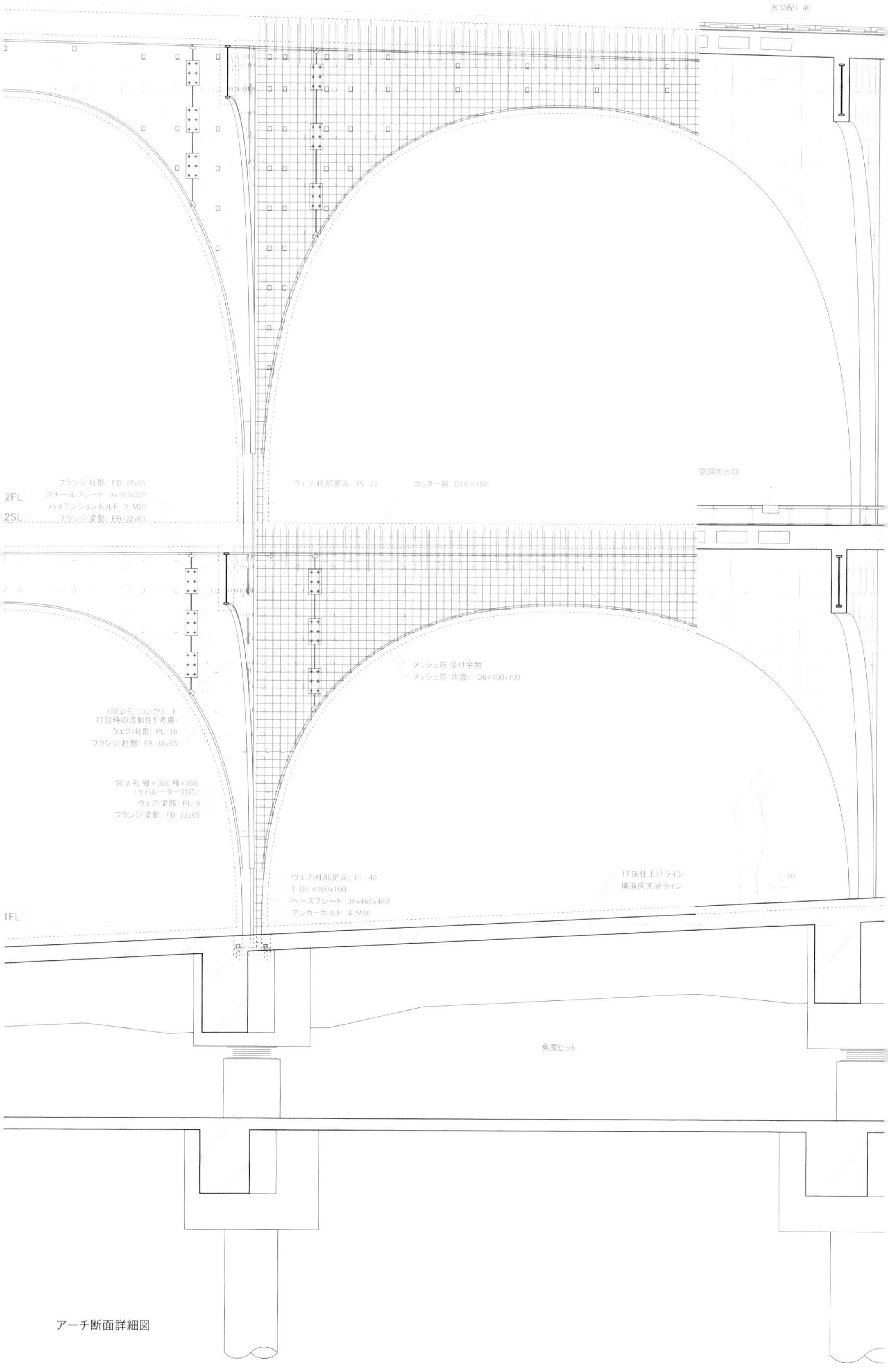
水勾配1:40
フランジ(柱部) FB-28x65
スチールプレート 9x167x320
ハイテンションボルト 9-M20
フランジ(梁部) FB-22x65
2FL
2SL
ウェブ(柱部足元) PL-22
コッター筋 D10@150
空調吹出口
メッシュ筋 受け金物
メッシュ筋(両面) D6@100x100
150φ孔(コンクリート
打設時の流動性を考慮)
ウェブ(柱部) PL-16
フランジ(柱部) FB-28x65
50φ孔 縦@300 横@450
(セパレーター対応)
ウェブ(梁部) PL-9
フランジ(梁部) FB-22x65
ウェブ(柱部足元) PL-40
|-D6 @100x100
ベースプレート 36x460x460
アンカーボルト 4-M36
1F床仕上げライン
構造床天端ライン
1:20
1FL
免震ピット

アーチ断面詳細図

型枠施工中のアーチ足もと。
床には施工の補助線となる「墨」が見える

地下の免震層。積層ゴムの免震装置はタイヤメーカーが製造している

1F 柱リスト

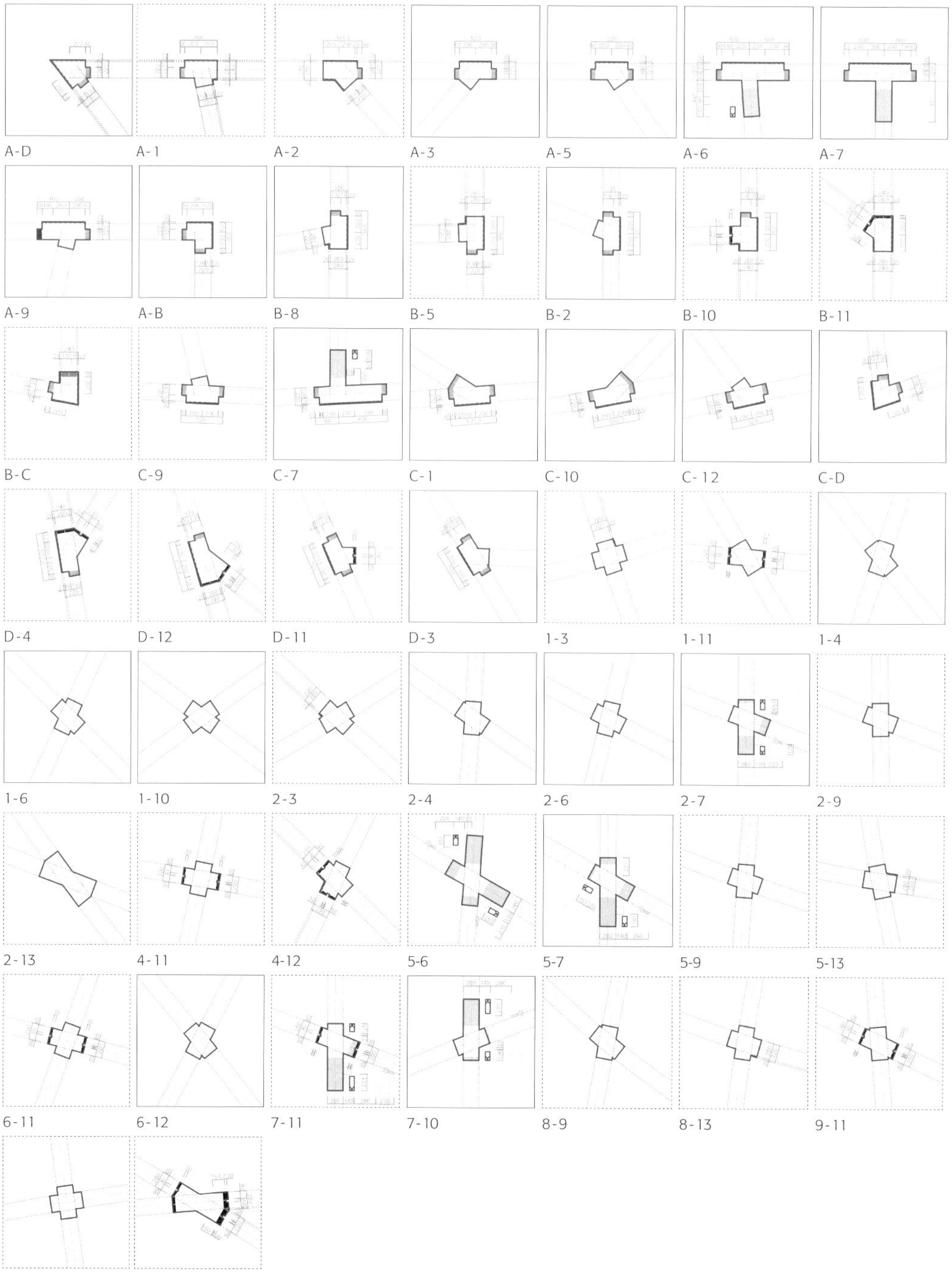

A-D A-1 A-2 A-3 A-5 A-6 A-7
A-9 A-B B-8 B-5 B-2 B-10 B-11
B-C C-9 C-7 C-1 C-10 C-12 C-D
D-4 D-12 D-11 D-3 1-3 1-11 1-4
1-6 1-10 2-3 2-4 2-6 2-7 2-9
2-13 4-11 4-12 5-6 5-7 5-9 5-13
6-11 6-12 7-11 7-10 8-9 8-13 9-11
9-10 10-11

柱構成基本ルール

タイプI
基本形

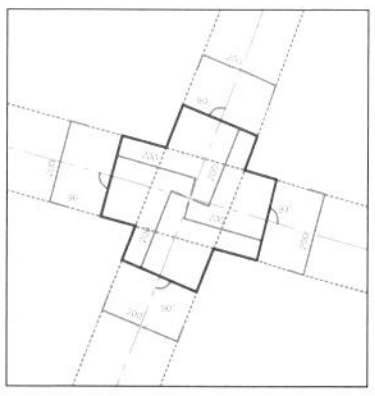

タイプII
構造芯が53.1度
以下で交差

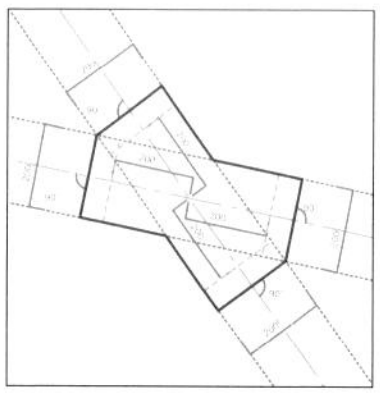

タイプIII
外壁を含む

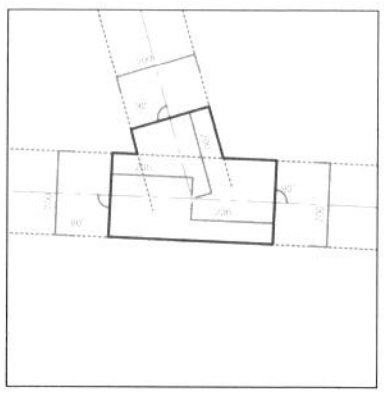

タイプIV
外壁を含み構造芯が
53.1度以下で交差

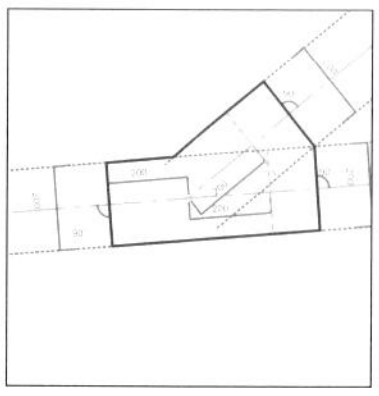

2F 柱リスト

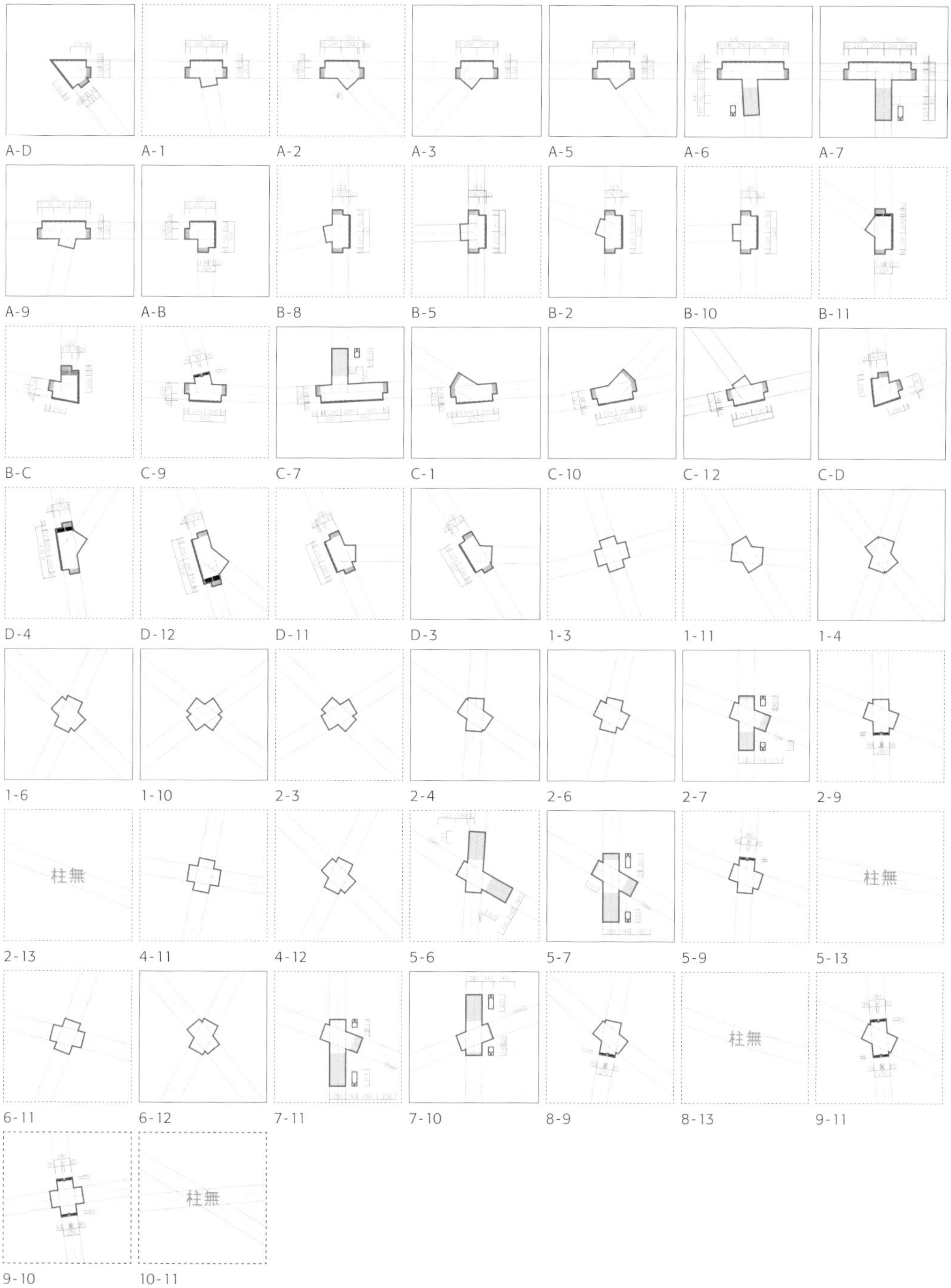

外的要因による柱のふかし

区画袖壁（900mm）の為のふかし

シャッターによるふかし

ガラス収まりによるふかし

アーケードギャラリー搬入口の為のふかし

外壁外ふかし20mm

ガラス躯体センター収まりの為のコンクリートふかし

1F、2Fで柱形状の異なる箇所を示す

設備計画

＊照明
＊空調環境

照明

この建物には、天井から全部で50枚の円盤が吊されている。直径が1.6メートルある円盤の上には、45Wの蛍光灯が21本、放射状に並べられている。光はコンクリートの天井スラブに反射することで、やわらかい間接光となって室内を満たす。反射効率を助けるために、コンクリートの表面には素材感を消さない程度にうっすらと、白い顔料が塗布された。こうしてつくられる光は、空間全体に回り込み、手もとに強い影をつくらない。この特別な照明器具によって、書架の間を散策しながら本を探したり、そこでしばし本を眺めるのに適した、自然な明るさが確保されている。学生や教職員が下校時に乗るバスからは、ライトアップされたコンクリートの構造体のなかに、無数の円盤が皆既日食のように浮かんでいる不思議な夜景を見ることができる。

照明計画のもうひとつの特徴が、白いポリカーボネイト製の傘のついたパーソナルランプである。美術大学の図書館であるから、収蔵書の多くがカラー図版豊富な美術書となる。そのため、すべての閲覧テーブルには電球色のランプが準備されている。ランプは、図版を細部までじっくり眺めるための明るさを助けるだけでなく、蛍光灯の間接光と電球色のランプが補いあって、カラー図版の色が正しく見えるように考えられている。ランプをともすと、そこに本と向き合う自分だけの空間が開かれる。

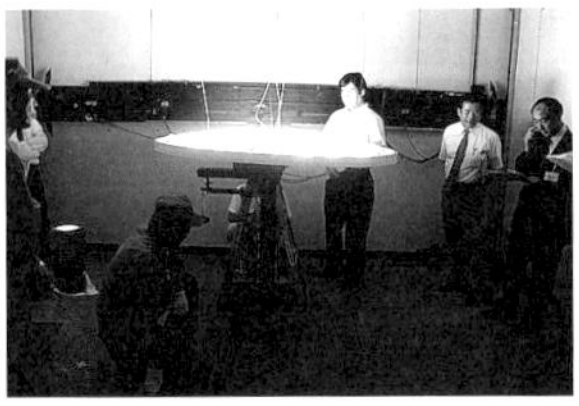

上：円盤型の器具による間接照明。
下：照明器具の工場検査。モックアップを用いて、照度、器具の重量など、さまざまな検討を行った

閲覧席のパーソナルランプ。ON/OFFは自分でできる

夜の北側閲覧席。デスクから電源をとることもできる

整流板配置検討のための床下空間の
風速分布シミュレーション（提供：鹿島建設）

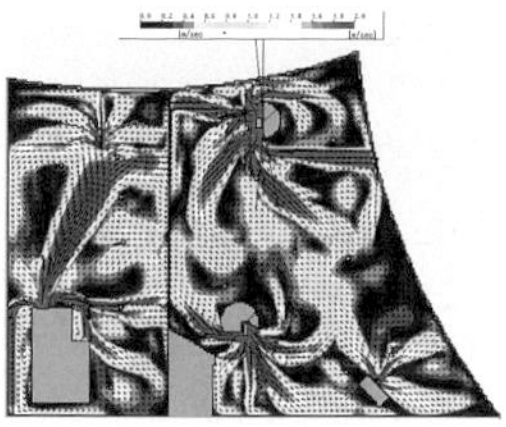

空調

大きなワンルーム空間ともいえるこの建物を、効率よく快適な室温環境に保つため、この建物の２階では「居住域空調」という考え方を採っている。小さな吹き出し口を床にたくさん設け、そこから静かに空気を吹くことで、室内での大規模な空気対流が抑えられる。居住域＝人間の身長の範囲だけをじんわりと空調することで、大空間の開放感とパーソナルな快適性を、少ないエネルギーで両立させる考え方である。地下の空調機械室からダクトで運ばれた空調空気は、電気配線やLAN配線を通すOAフロアの下に送り込まれて、フロア全体に行き渡る。空気を運ぶスペースにOAフロアを利用することで、ダクトを隠す壁や天井裏が省ける。コンクリートの構造体だけしか見えないシンプルな空間は、こうして実現している。床に埋め込まれた500個もの吹き出し口から均等に空気が吹き出すようにするため、床下空間には整流板が配置されている。整流板の形や配置の決定には、正確なコンピュータシミュレーションが不可欠であった。１階のアーケードギャラリーでは、２階の床下に空気を運んでいるダクトを見ることができる。また、空調機械室への外気取り入れ口が、建物下に広がる免震層に設けられているのも大きな特徴である。特に夏期は、涼しい地下空間から空気を取り入れることで、大幅な省エネ効果が期待できる。１階の床はコンクリートそのまま。OAフロアがない代わり、この免震層がダクトや配線の通り道となる。また窓辺の空調をまかなうミニ空調機を設置するスペースとしても、この空間が利用されている。すべての機器が歩いて点検できるのも、大切なポイントである。

上：２階の空調床吹出口
下：１階の空調床吸込口

２階に空気を運ぶダクトが１階アーケードギャラリーで見ることができる。

窓辺の環境

2階の西側閲覧席に座ると、手が届きそうな距離にケヤキの葉が見えて、まるで木の上で読書しているような気分が味わえる。正門から続く並木道のこの場所に大きな広葉樹を選んだのは、建物に当たる夏場の西日を和らげるためでもあった。また、紫外線による日焼けから本を守るために、すべての窓ガラスには飛散防止を兼ねた紫外線反射フィルムが貼られている。さらに、室内に木漏れ日のような影を落とすカーテンが吊られている。明るい色のカーテンは、太陽熱によるほてりを抑えつつ、室内に優しい自然光を取り入れる。窓辺の足もとには、ガラス面からの輻射熱を取り除くための空調吹き出し口やファンコイルが追加されており、樹木、ガラス、カーテンの働きを補いながら、室内環境を調整している。

カーテンデザイン・製作

株式会社 布
テキスタイルコーディネーター・デザイナー
安東陽子

カーテン生地は、カットジャガードという技法を用いて製作しています。まず、ジャガード織りによって、経糸(たていと)を部分的に浮かせた柄を織ります。さらに、この浮いた経糸をカットして起毛させると、ビロードのような表情が生まれます。また、大きく浮かせた経糸を完全に切り落とすことで、そこだけうすく透きとおったオーガンジーを露出させることもできます。光の透過量を意識しながらこうした技法を組み合わせることで、木漏れ日のような優しい陰影をつくるカーテンができあがりました。カーテンのアーチ模様が逆さまなのは、閲覧テーブルに落ちる影が、ちゃんとアーチ模様に見えるからなのです。

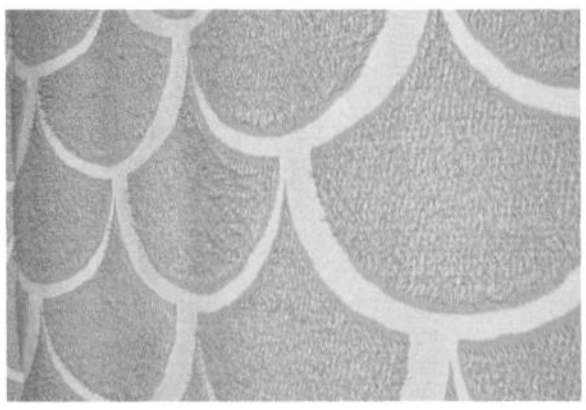

大きな木のように

大きな木の下にいるのは気持ちがいいものだ。夏は日差しを程よくさえぎってくれるし、雨宿りもできる。そしてなにより、しっかりと根を張ったしなやかな樹木は、大きく広がったキャノピーを1本の柱で支える、驚異的な構造体である。動物や人間だって、昔から樹木を住処としてきたくらいだ。自然のはたらきのたくみさは、いつだって私たちのお手本であり、追いつきたくてもかなわない目標でもある。

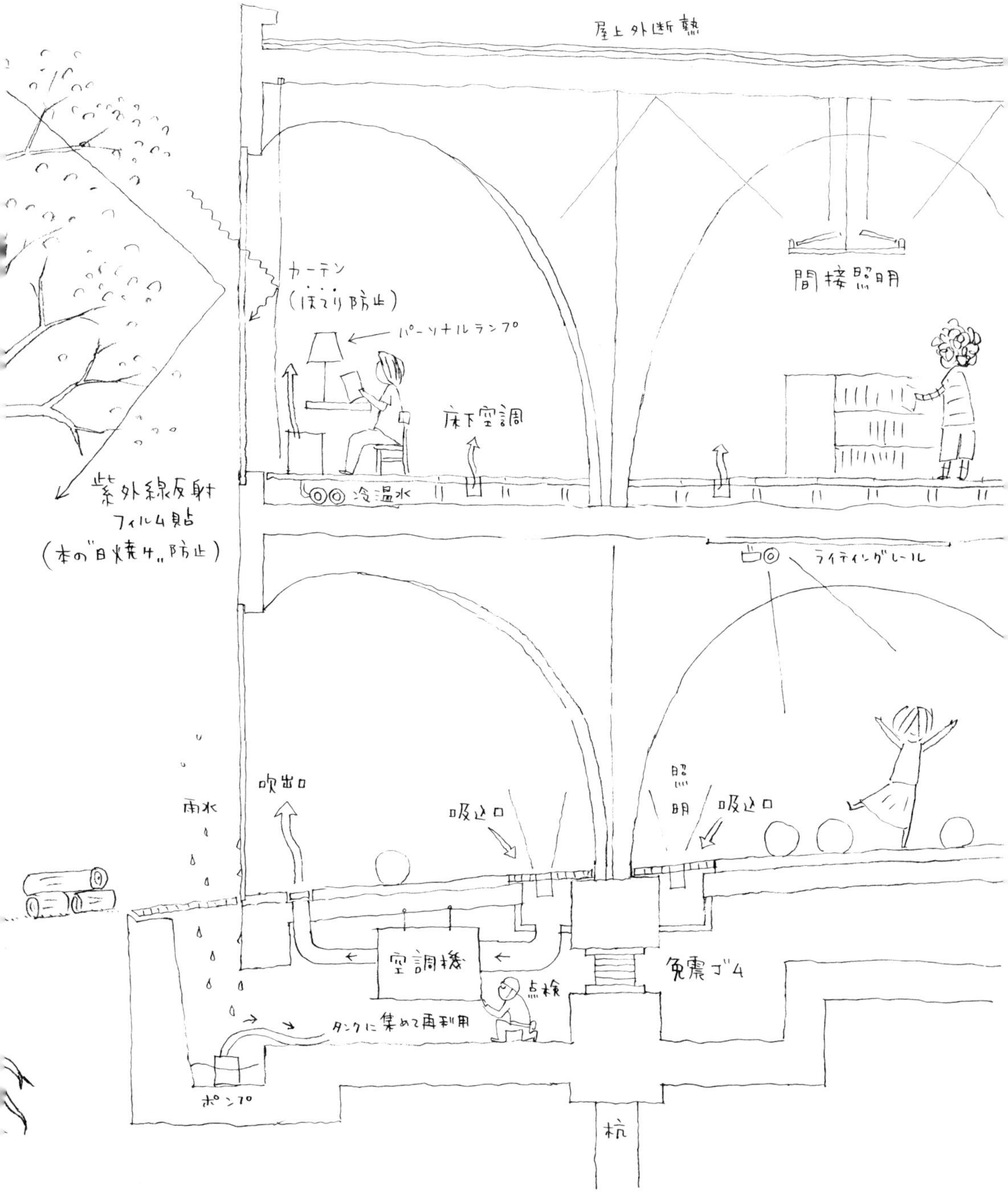

施工

コンクリートとガラス。現代建築の象徴ともいえるふたつの材料。図書館の建物も、ほとんどこのふたつの材料で造られている。当たり前の材料と真剣に向き合い直すことで、この建物での空間体感は、特別なものになった。ひみつは、その施工の精度と職人の技術にある。

コンクリート型枠

コンクリートの建物は、現場でベニヤ板をカットして型枠を作り、そのなかに砂、砂利、セメントに水を混ぜ合わせたものを流し込み、固まったところで型枠を外して完成する。この建物では、型枠はほとんど工場で製作された。部材のカットにはコンピュータ制御のカッターを用い、三次元的なカーブを伴った複雑な型枠を、家具のような精度で作り上げている。分割して製作された型枠を現場で組み立てるのにも、特別な精度が要求された。通常±10ミリ程度の誤差はかまわないとするところを、この建物では-5ミリ以下の精度で製作している。地面に引かれた「墨」と呼ばれる補助線に対し、型枠職人はその細い線の幅にまで注文をつけたほどである。なぜそこまでの精度が要求されるのか。その理由は、建物をとりまくガラスが、通常ではありえない取りつけ方をされるからである。

ガラス

外装ガラスは、厚さ15ミリの一般的なフロートガラスである。しかしこの建物は北側と西側のふたつの壁が半径90メートルの円弧と同じ、緩い曲面で建ちあがっている。ここに入るガラスは、やはり工場でコンピュータ制御のカッターでカットされ、曲げ加工を経て現場に搬入される。通常は、ガラスとコンクリートの接する部分に「逃げ」を設けることで、両者のサイズ違いや、地震や台風などによる微妙な変形に対処する。鉄とコンクリートを使ったこの建物のアーチ構造は、免震装置の働きとあいまって、後者の変形がほとんど無視できる。もしも「サイズ違い」を克服できれば、「逃げ」のための余分な枠を消し去った、あたかもコンクリートとガラスが線一本で隣り合ったような建築が造り出せるにちがいない。驚異的な職人技で作られた型枠と、難易度の高い超浅曲げガラスは、コンピュータ上のデータ共有だけで別々に製作されて、現場で初めて出会うこととなった。完成した建築では、ストラクチャーシールと呼ばれる接着技術と特殊な支持金物を用いて取りつけられたガラスとコンクリートによる、完全にフラットな外壁面を達成している。

1. 鉄骨建方

2. 型枠建込み

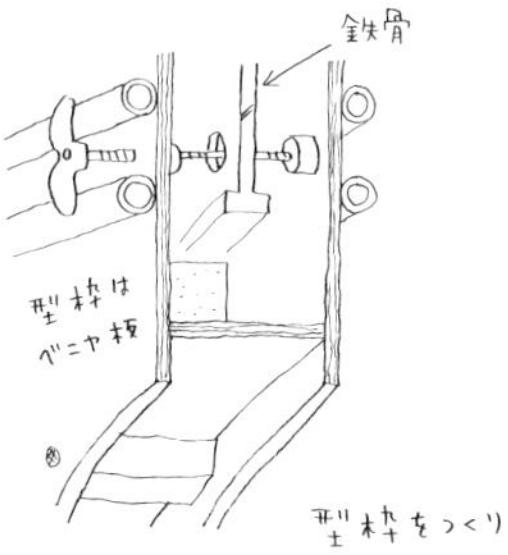

3. コンクリート打設

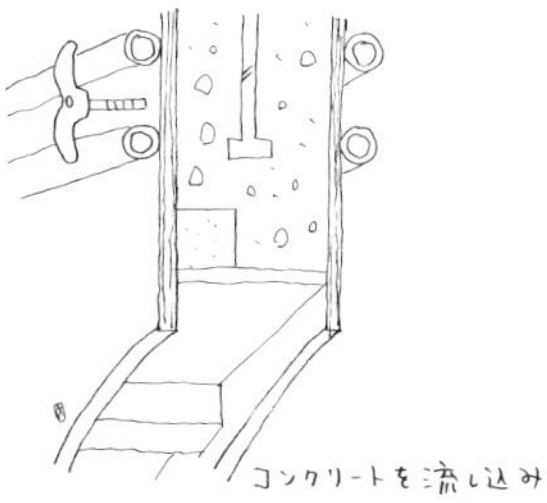

4. ガラス支持金物取付

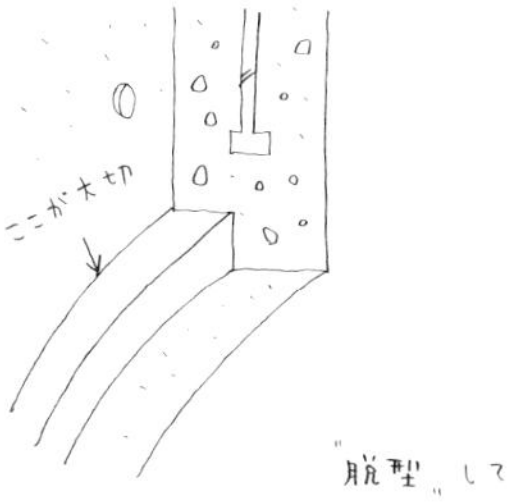

5. シール施工

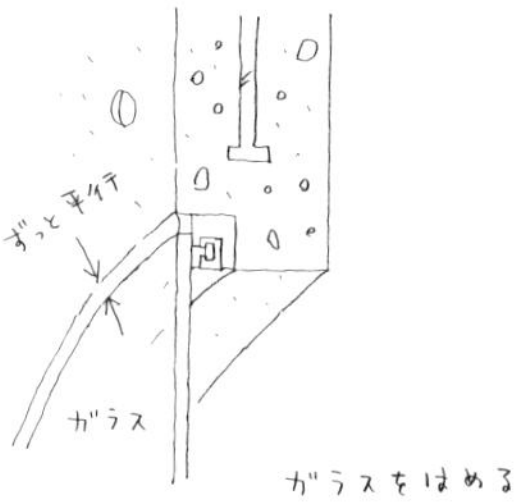

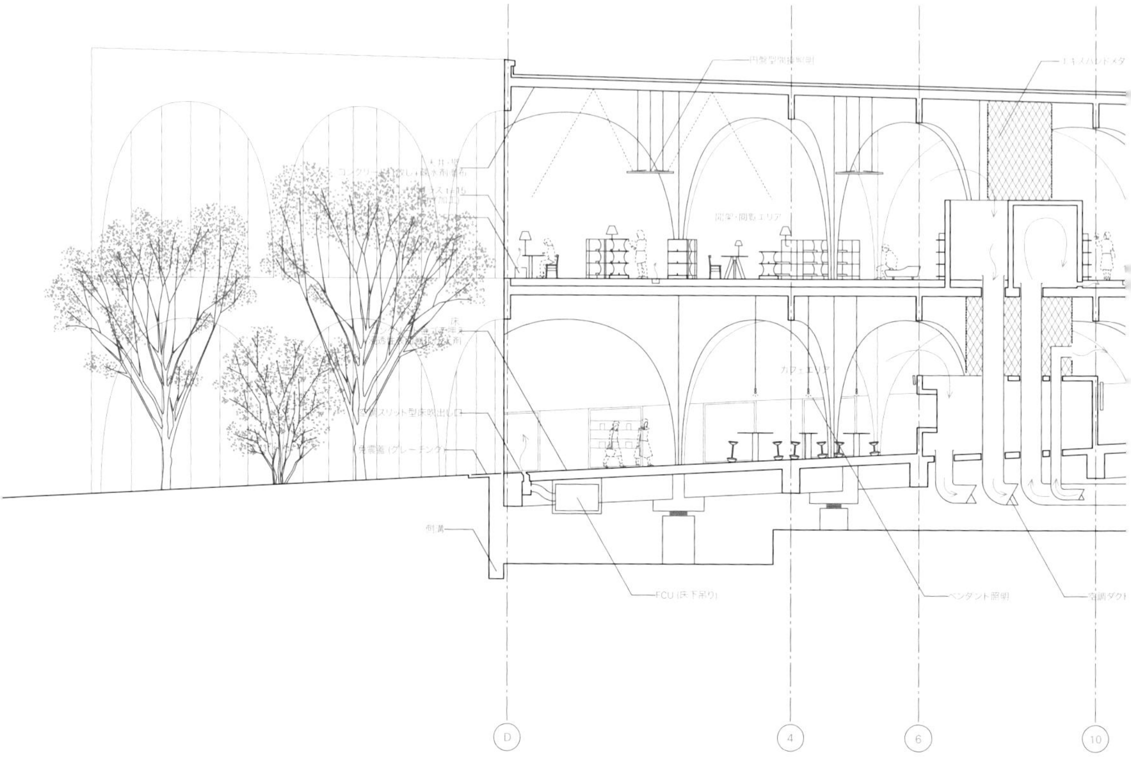
円盤型間接照明
開架・閲覧エリア
カフェエリア
空調スリット型床吹出し口
免震蓋（グレーチング）
側溝
FCU（床下吊り）
ペンダント照明
D
4
6
10

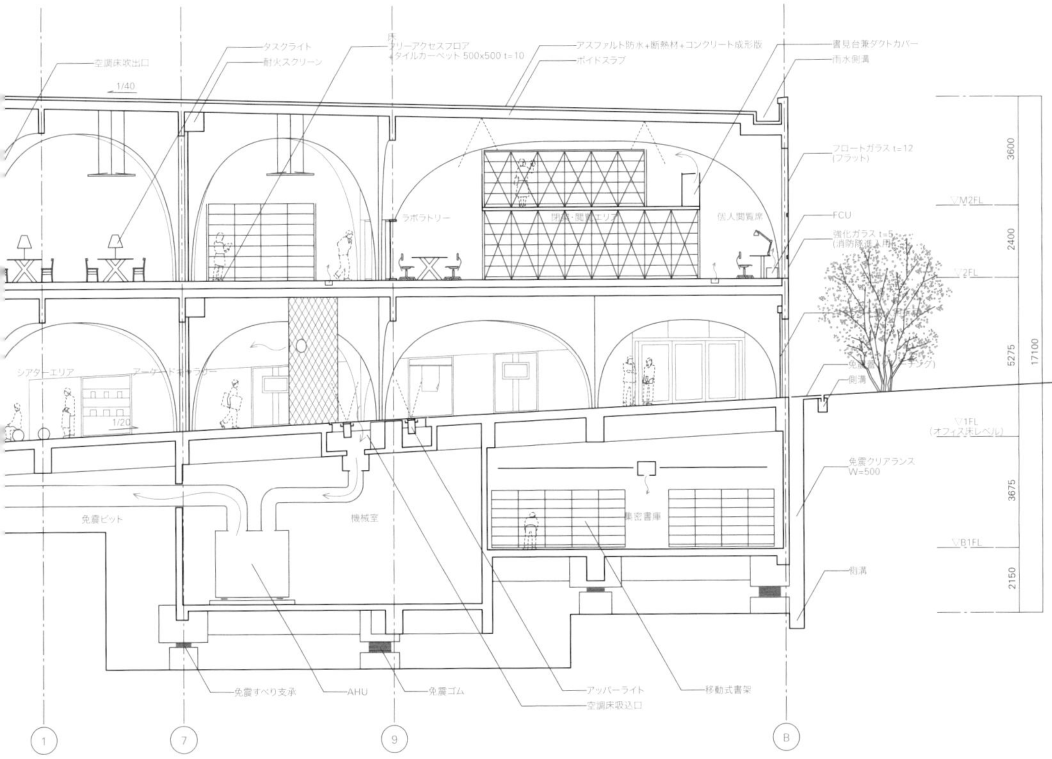
空調床吹出口
タスクライト
耐火スクリーン
床
フリーアクセスフロア
+タイルカーペット 500x500 t=10
アスファルト防水+断熱材+コンクリート成形版
ボイドスラブ
書見台兼ダクトカバー
雨水側溝
1/40
フロートガラス t=12
(フラット)
ラボラトリー
個人閲覧席
FCU
強化ガラス t=5
シアターエリア
1/20
側溝
免震ピット
機械室
免震クリアランス
W=500
側溝
免震すべり支承
AHU
免震ゴム
アッパーライト
空調床吸込口
移動式書架
3600
▽M2FL
2400
▽2FL
5275
17100
▽1FL
(オフィス床レベル)
3675
▽B1FL
2150
1
7
9
B

断面詳細図　S=1/250

アーケードギャラリー | arcade gallery

都市の公共空間にはあらゆるインフォメーションが流れ込みコミュニケーションを活性化する

イスタンブールのアーケード▶

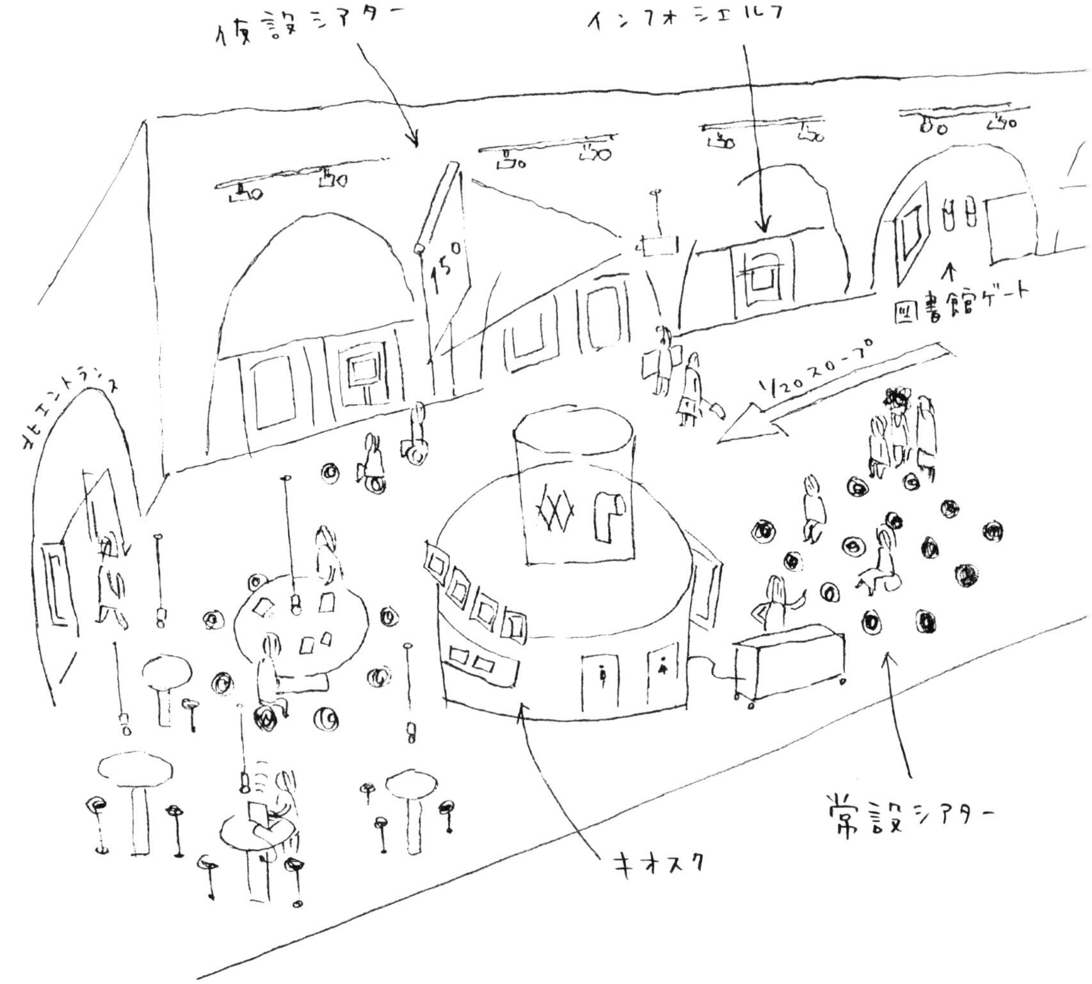

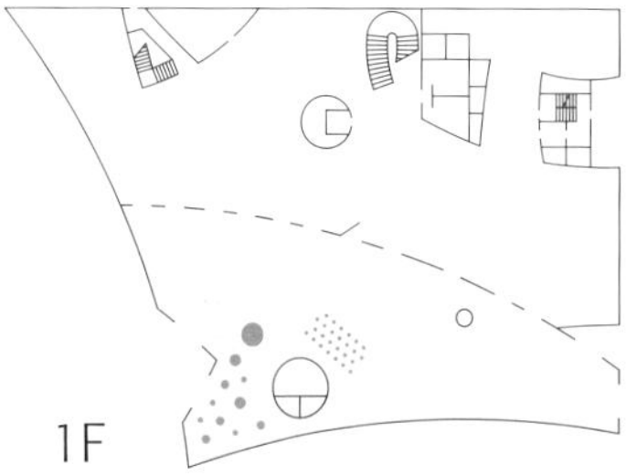

1F

「アーケードギャラリー」は街の広場、バザール。
だれでも自由にアクセスでき、そこで情報を集め、情報交換できるインフォメーションとコミュニケーションの空間である。
「ギャラリー」として展覧会、「ホール」として講演会やシンポジウムが、あるいは夕方から映画会が開催されたりする。
さまざまなイベントが行われる公共空間である。
アーケードギャラリーと図書館を仕切るのが「インフォシェルフ」で、そこには新着書情報やポスター展、カフェ回りのモニタやギャラリーに連動した映像が流されたりする。もちろんカフェでコーヒーを飲みながら、これらをただぼうっと眺めることもできる、自由に過ごせる街の広場のような空間である。

❶シナリオ…街の広場 | 市場（インフォメーションとコミュニケーションと表現の空間）❷プログラム…オブジェクトと映像の展示、講演会、上映会、レセプションなど ❸仕様…床：コンクリートのスロープ ❹設備…スポットライト・フロアコンセント、150インチスクリーン、チェア、展示台、移動マルチメディア卓 ❺シミュレーション…パワーポイントを用いたレクチャー・オープンキャンパス時のプレゼンテーション、映画やビデオ作品の放映

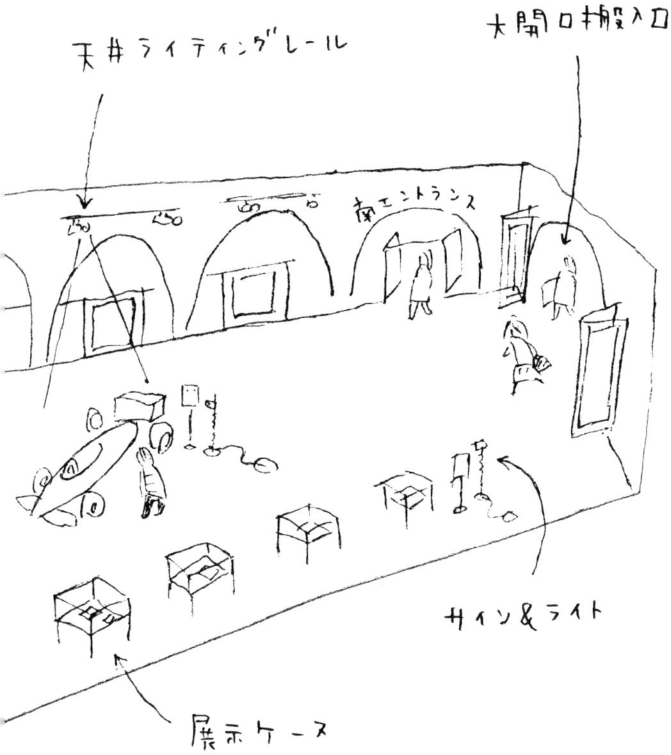

リモコン・ハロゲンライト（12V75W）
ON・OFF、調光、首振り、回転が可能なハロゲン照明がインフォシェルフに沿って天井に設置されたライティングレールに取りつけられています

キオスクはアーケードギャラリーの基地

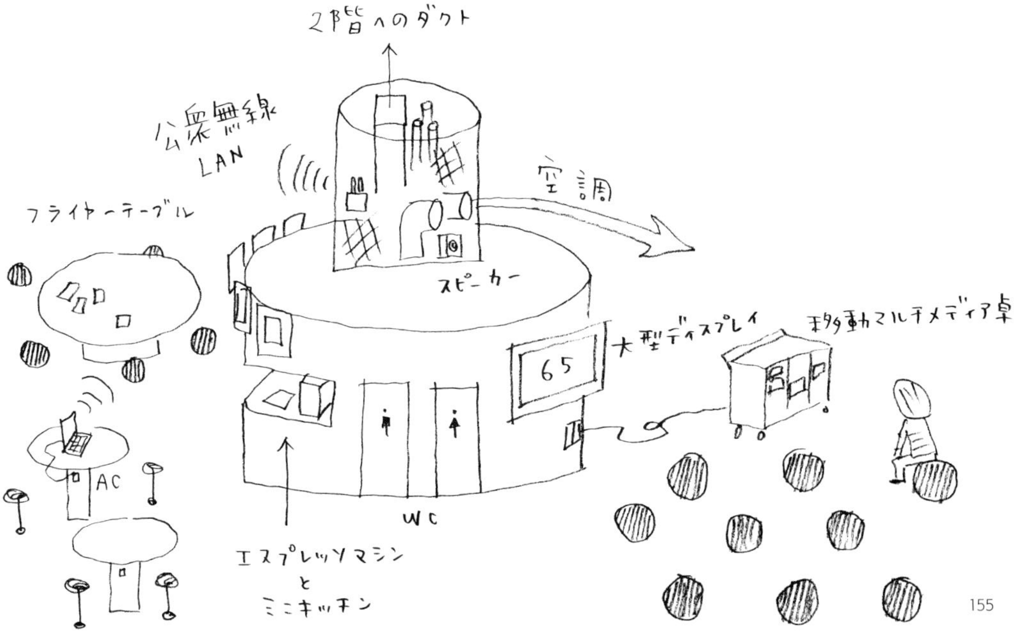

カフェ | cafe

カフェテーブルとコーヒーは出会いと情報交換の舞台装置である

映画「コーヒーアンドシガレッツ」『ジム・ジャームッシュ』より▶

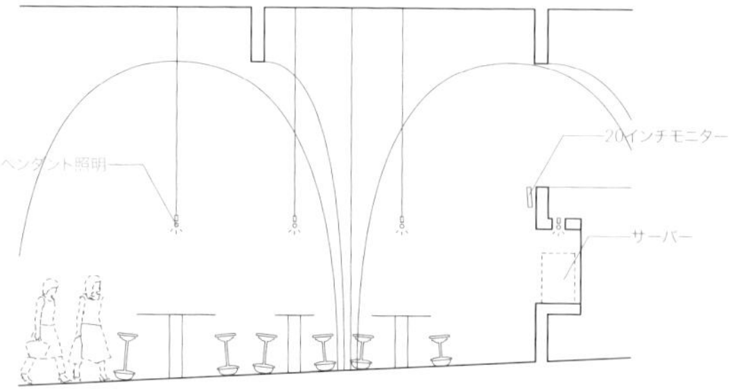

「カフェ」は、アーケードギャラリーの一角に設けられた休息の場。セルフサービスで、コーヒーか水をテーブルまで運び、自由な時間を過ごすことができる。この場所は「アーケードギャラリー」を見渡すことができるので、テーブル席で催し物を楽しむことができ、一方、ガラス越しに外部ケヤキ通りを歩く友人を見つけることもできるので、待合せには最適の場所である。

図書館資料を借り出し閲覧することもできるし、論文執筆や調査研究の合間のコーヒーブレイクに利用することも、もちろんできる。

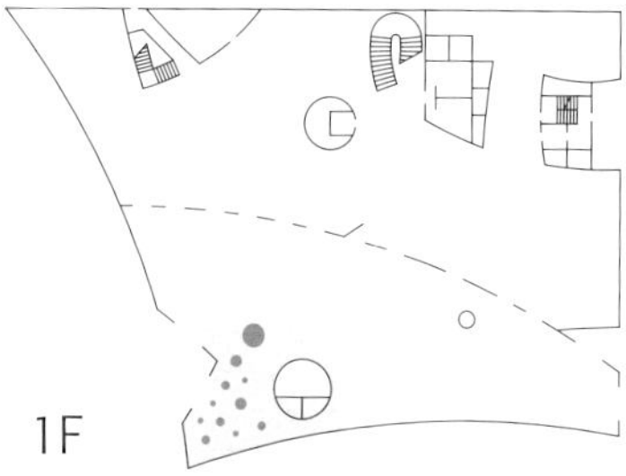

1F

❶シナリオ…広場に面したオープンカフェ ❷プログラム…コーヒーブレイク（休憩、ミーティング、待合せ、読書、ビデオ視聴）。❸仕様…丸テーブルにスツール（電源）❹設備…エスプレッソマシン、ウォータークーラー、テレビモニタ、BGM（キッチン上に小スピーカ）❺シミュレーション…映像作品の自主上映企画・オープンキャンパス時のレセプション・ポッドキャスティングによるプレゼンテーション・ただぼうっと本を眺める

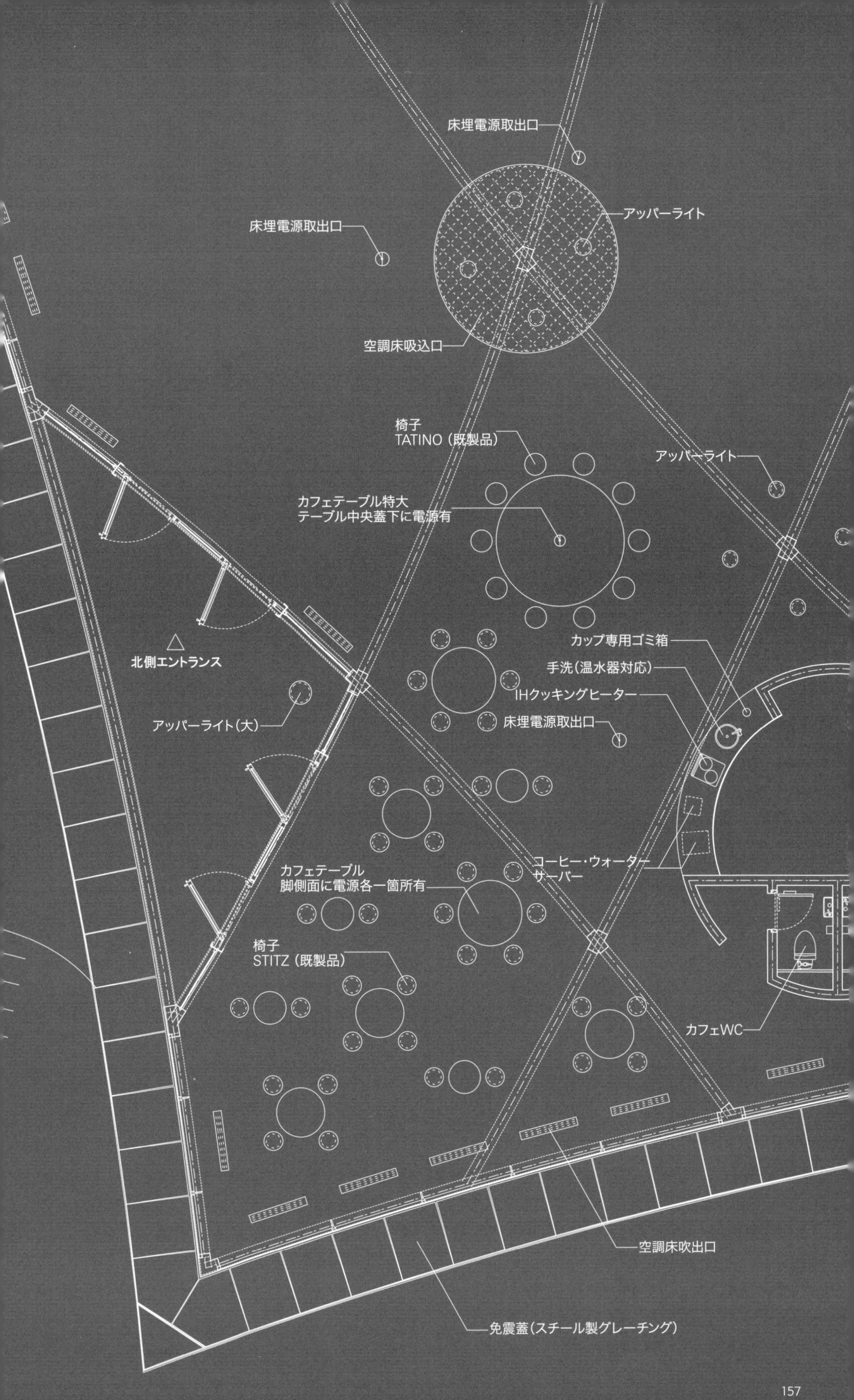
床埋電源取出口
床埋電源取出口
アッパーライト
空調床吸込口
椅子
TATINO（既製品）
アッパーライト
カフェテーブル特大
テーブル中央蓋下に電源有
北側エントランス
カップ専用ゴミ箱
手洗（温水器対応）
IHクッキングヒーター
アッパーライト（大）
床埋電源取出口
コーヒー・ウォーター
サーバー
カフェテーブル
脚側面に電源各一箇所有
椅子
STITZ（既製品）
カフェWC
空調床吹出口
免震蓋（スチール製グレーチング）

インフォシェルフ | info shelf

ショーウインドウは街の不特定多数の観客に向けたプレゼンテーション。ガラス越しに内外をインタラクティブにつなぐ装置でもある

「ティファニーで朝食を」でショーウインドウを覗くヘップバーン

『オードリー・ヘップバーン(シネアルバム5)』より▶

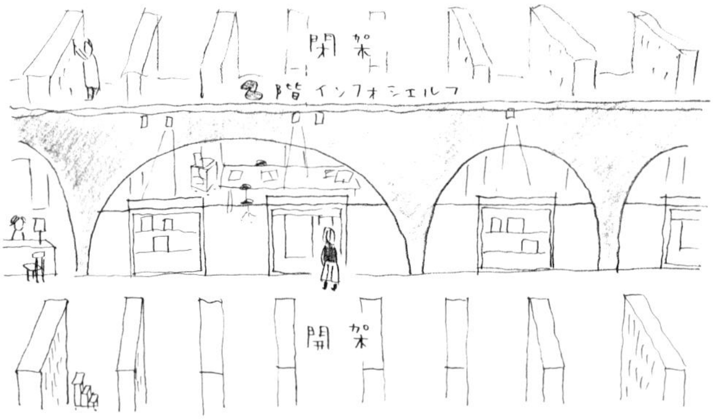

2Fインフォシェルフ展開図

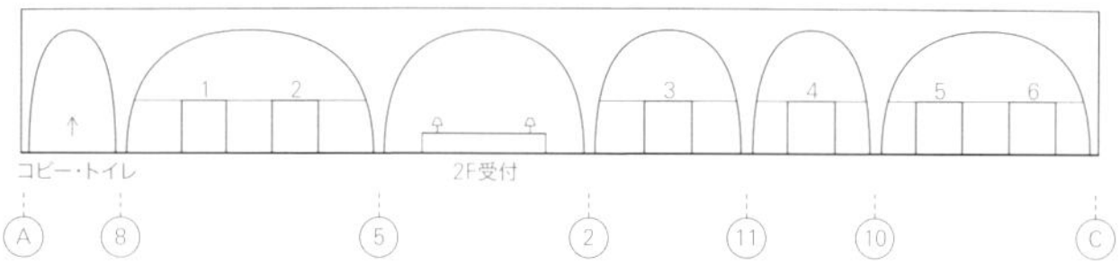

「インフォシェルフ」は、街なかの店にあるショーウインドウ。1階はアーケードギャラリーと図書館を、2階は開架エリア閉架エリアを仕切る、木製の棚とガラスでできた「情報の棚」。棚には図書館情報、すなわち企画やお知らせなどの情報だけでなく、時には、写真やポスターの企画展や、内部モニタで映像配信があったり映像作品展が開催されているから要チェックである。

図書館側に回り込むと、新着書紹介やおすすめ書情報などに用いられている。

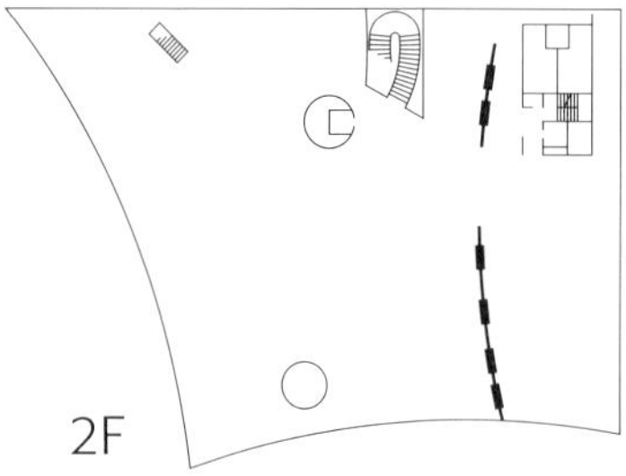

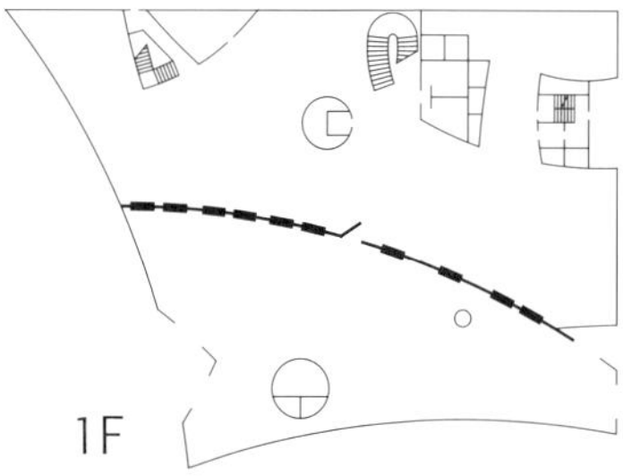

❶シナリオ…ストアフロントのショーウインドウ ❷プログラム…商品棚、雑誌棚、モニタによる映像上映、平面作品の展示 ❸仕様…ガラス張り、展示架 ❹設備…書棚、ポスター吊り、液晶モニタ、情報電源、スポットライティング（天井面） ❺シミュレーション…新着書情報（雑誌、美術書）・稀覯本展示、写真展、ポスター展、本にまつわるオブジェクト展示。・新着ビデオ上映

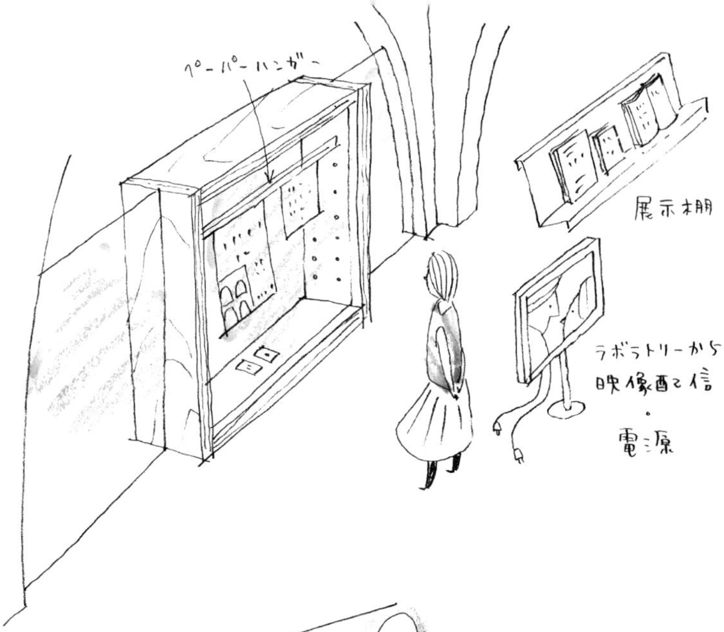

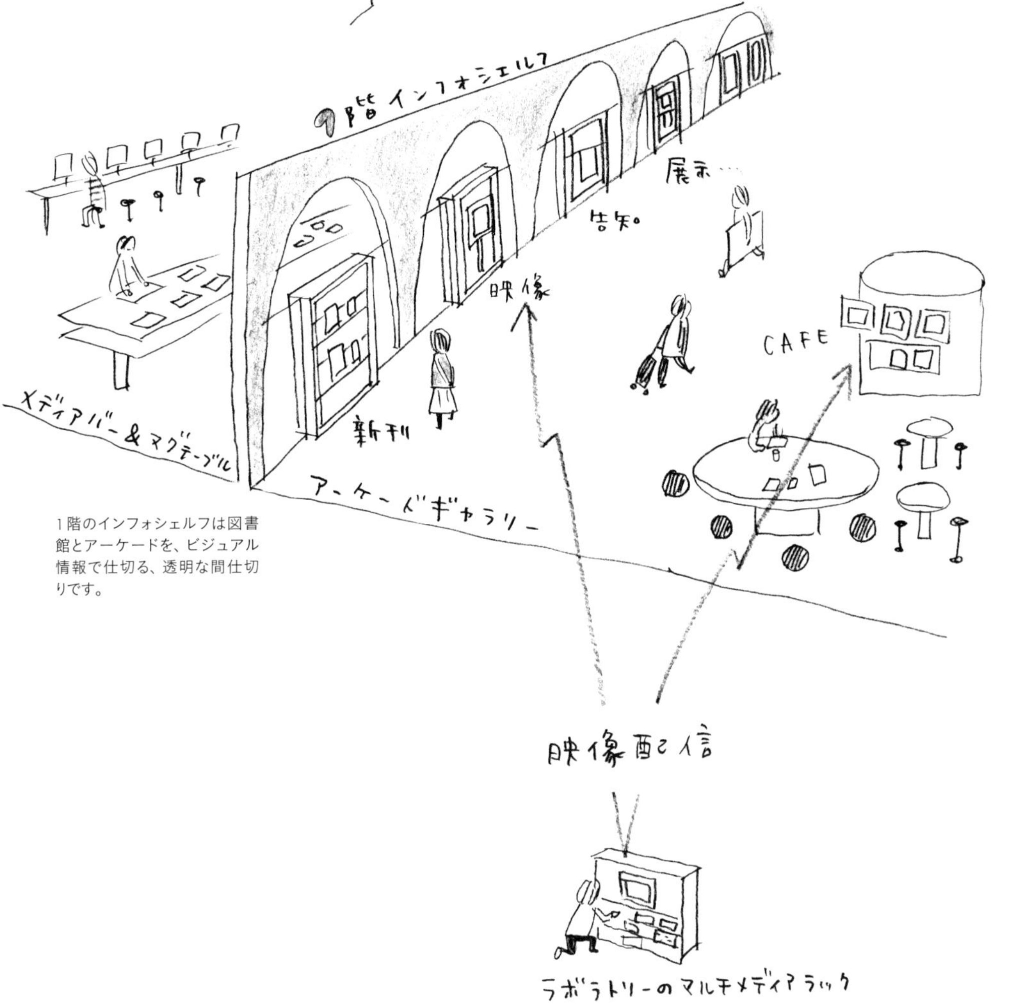

1階のインフォシェルフは図書館とアーケードを、ビジュアル情報で仕切る、透明な間仕切りです。

1Fインフォシェルフ展開図

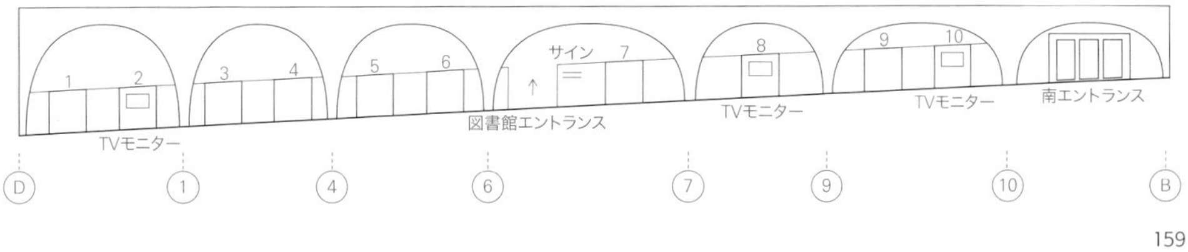

ラボラトリー｜laboratory

かつて創造過程は眼に見えるものだった。パフォーマンスとしての化学実験室

▸天文学者チコ・ブラーへのラボラトリー

ラボラトリーは、1階、2階とも、インフォシェルフのすぐ向こう側に設けられた、図書館資料を用いての編集作業やゼミのための予約制のスペースである。最新機器が備えられたこのスペースでの活動は、「つくる図書館」をアピールするショーケースと言っていい。図書館資料を活用しての研究活動をサポートするこのスペースはインフォシェルフ越しに見ることができる。

2階ラボラトリーは閉架書庫内に位置し、編集作業をサポートするためのスペース。大きなテーブルに資料を並べ、スキャン、編集、出力を効率よくこなせる。レポートや論文の製作から授業のための資料づくりまで、学生だけでなく、教員にとっても創造的拠点となる。

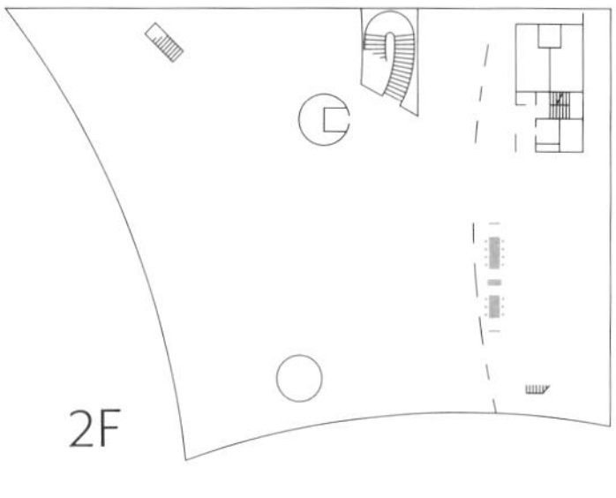

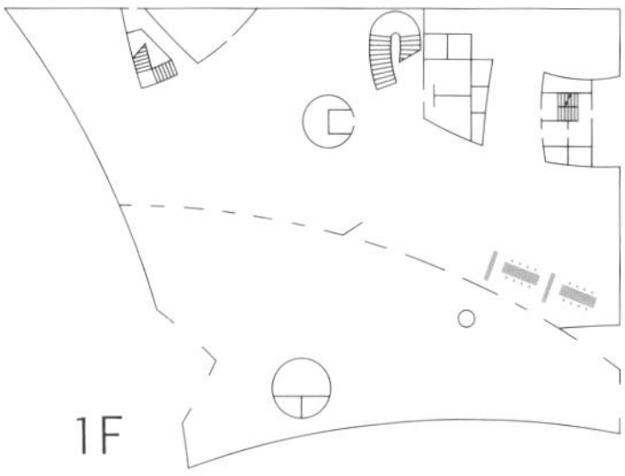

1階ラボラトリーは各種メディア再生機器を完備したスペース。10人程度までのゼミスペースとしても活用可能である。アーケードギャラリーのTVモニターへの映像配信基地でもある。

		テーブル	椅子	大型照明	設備
1階	1	1200×4000	8脚	45W蛍光灯×6本	DVD、VHS、LD、ブルーレイディスク、LP、42インチ液晶ディスプレイ、ホワイトボード、PC、カラープリンタ、スキャナ、LAN
	2	1200×4000	8脚	45W蛍光灯×6本	DVD、映像配信用マトリックススイッチャ、42インチ液晶ディスプレイ、MAC、カラープリンタ、スキャナ、LAN
2階	3	1200×3300	8脚	45W蛍光灯×6本	デジタル複写機、PC、カラープリンタ、ホワイトボード、LAN
	4	1200×2400	6脚	45W蛍光灯×6本	MAC、カラープリンタ、ホワイトボード、LAN

❶シナリオ…街のアーケードに面する工房 ❷プログラム…図書館スタッフのオフィス、イベントなど企画準備、ワークショップ（小ゼミ）など ❸仕様…大型テーブルと大型照明 ❹設備…大型テーブル、照明（ワゴン搭載：PC、スキャナ）、ヴィデオデッキ ❺シミュレーション…機関誌編集（スキャン、複写）・ホームページ制作・イベントの準備・ゼミ（読書、書籍、出版に関わるワークショップのみ）

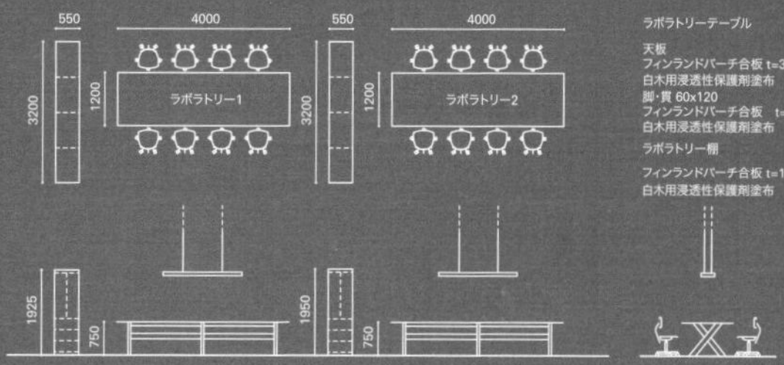

ラボラトリーテーブル

天板
フィンランドバーチ合板 t=30
白木用浸透性保護剤塗布
脚・貫 60x120
フィンランドバーチ合板　t=30+30
白木用浸透性保護剤塗布

ラボラトリー棚

フィンランドバーチ合板 t=18
白木用浸透性保護剤塗布

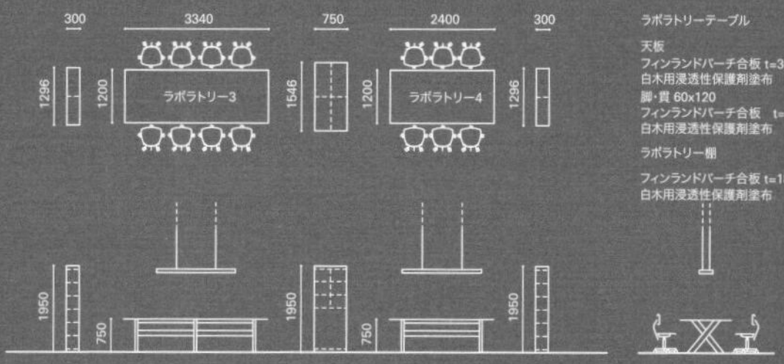

ラボラトリーテーブル

天板
フィンランドバーチ合板 t=30
白木用浸透性保護剤塗布
脚・貫 60x120
フィンランドバーチ合板　t=30+30
白木用浸透性保護剤塗布

ラボラトリー棚

フィンランドバーチ合板 t=18
白木用浸透性保護剤塗布

ラウンジ | lounge

自由な姿勢で雑誌を拾い読むのもブラウジングのスタイル
楽屋の俳優アレック・ギネス。『コーネル・キャパ写真集〈われらの時代〉』より▶

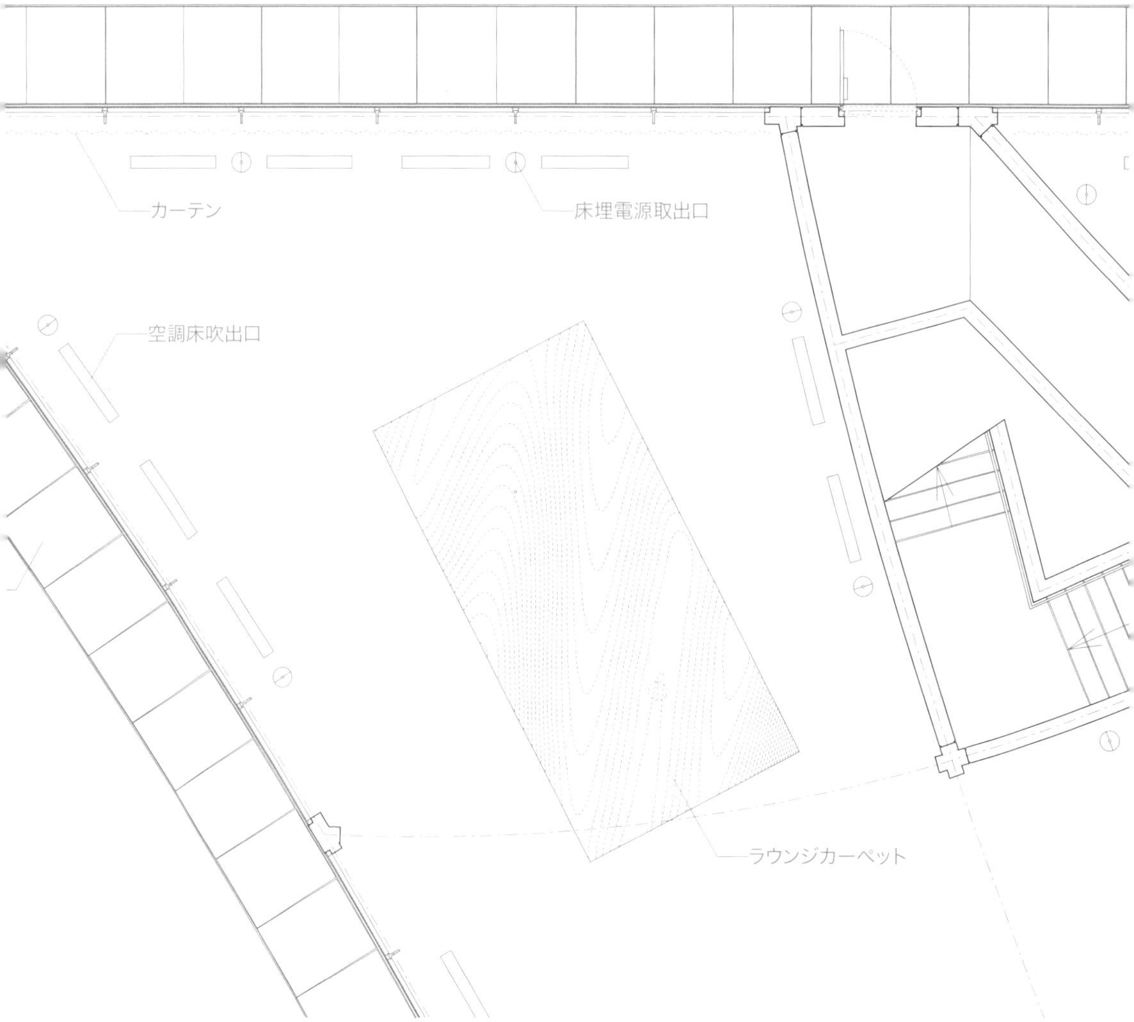

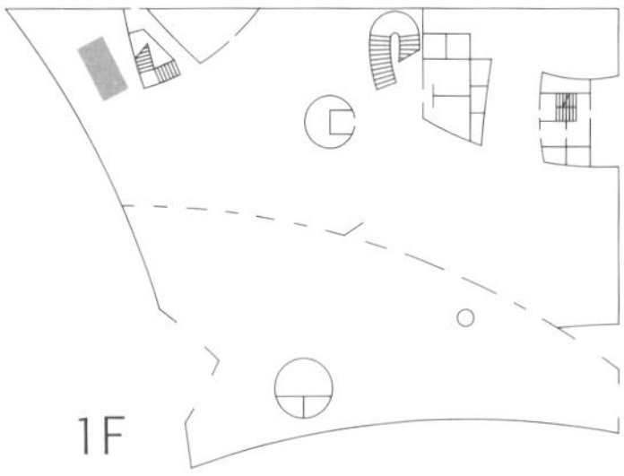

❶シナリオ…（ホテルや住宅の）ラウンジ、空港のVIPルーム ❷プログラム…新聞、雑誌などを自由な姿勢でブラウズ。壁面や周囲の空間を利用した小展示、小プレゼンテーション ❸仕様…大型家具（ソファ） ❹設備…フロアコンセント、LAN ❺シミュレーション…教員著書（執筆、アーカイブ）展示閲覧・学部・学科推薦書プレゼン、展示（出版社による協賛）

「ラウンジ」は文字通り、ゆったりと雑誌などを読みながら過ごす、図書館の中にありながらもドメスティック（家庭的）な設《しつら》えの空間である。

特徴的なのは空間の中央に置かれた大きな家具。床面のようでもあり椅子のようでもあるが、その利用法は各自に任せている。そこに近づくだけで身体を投げ出したくなるような、自由なブラウジング姿勢を誘う、藤江和子デザインによるソファである。

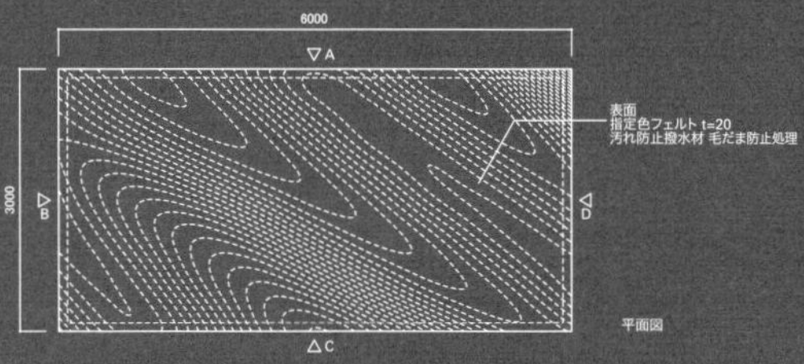

平面図

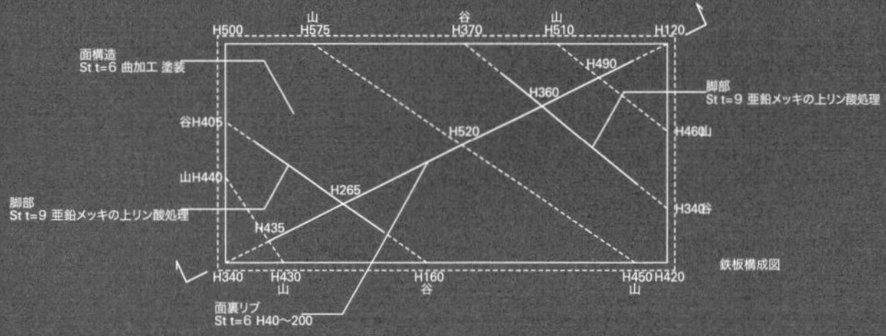

鉄板構成図

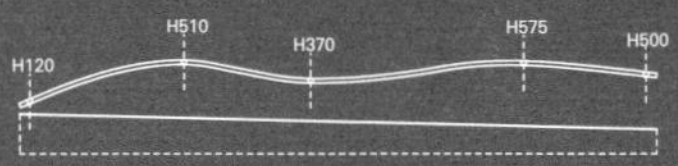

立面レベル図A

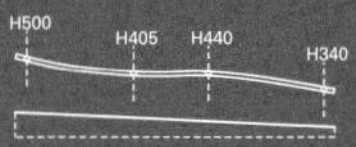

立面レベル図B

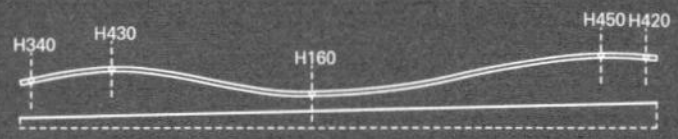

立面レベル図C

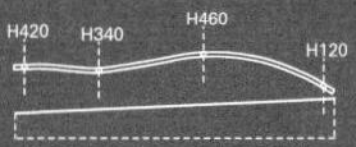

立面レベル図D

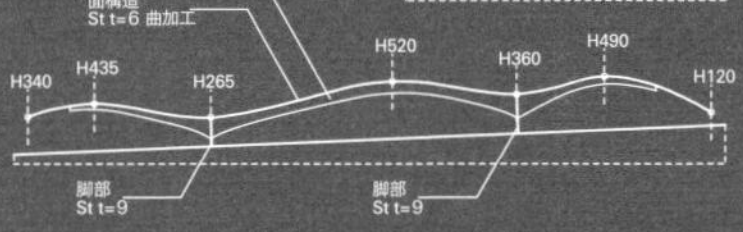

対角鉄板断面図

マグテーブル | mag table

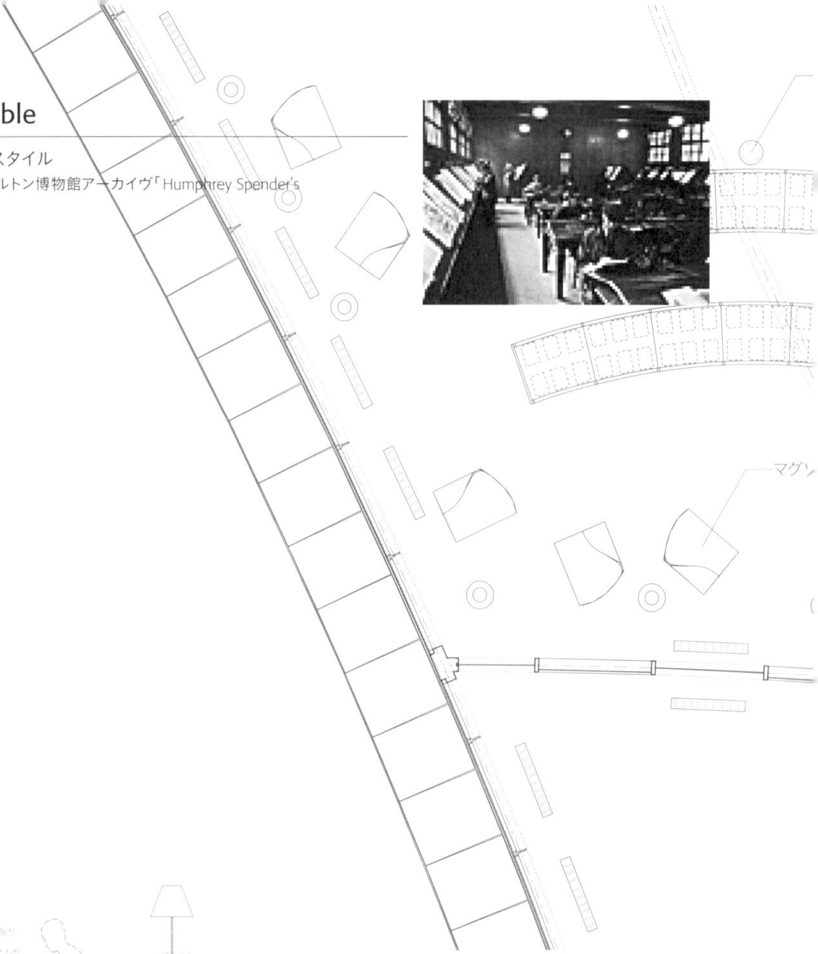

雑誌・新聞をブラウジングするスタイル

ボルトン・ワークタウンの図書館。ボルトン博物館アーカイヴ「Humphrey Spender's WORKTOWN」より▶

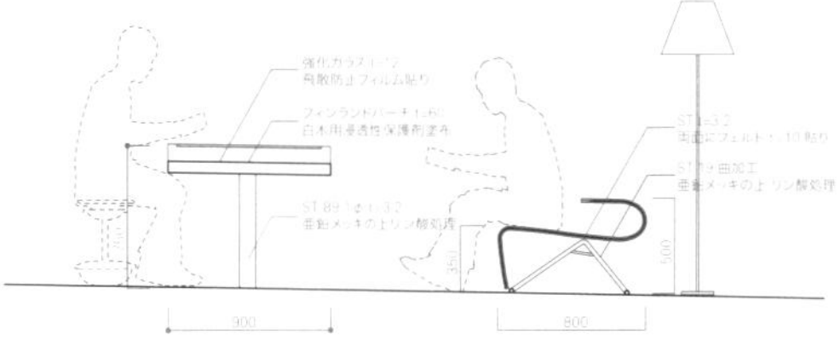

「マグテーブル」は、雑誌など、書店における平台置きの配架法である。
ヴィジュアルな表紙を持つ雑誌も、書棚に収められると背表紙しか見えない。だが、書店では、このような雑誌を台の上に表紙が見えるように積み上げるのが常である。図書館では、限られたスペースのなかでやりくりするため雑誌表紙を見せながら垂直面に陳列するのでカバーで包む。扱いづらく表紙も痛む。デザイン雑誌、芸術雑誌などを閲覧するための環境として、平台をベースとした「マグテーブル」がつくられた。
各雑誌表紙のレイアウトやデザインを一望し、スツールを引き寄せて、テーブルとしてそのままブラウジングすることもできる。デザインは藤江和子。

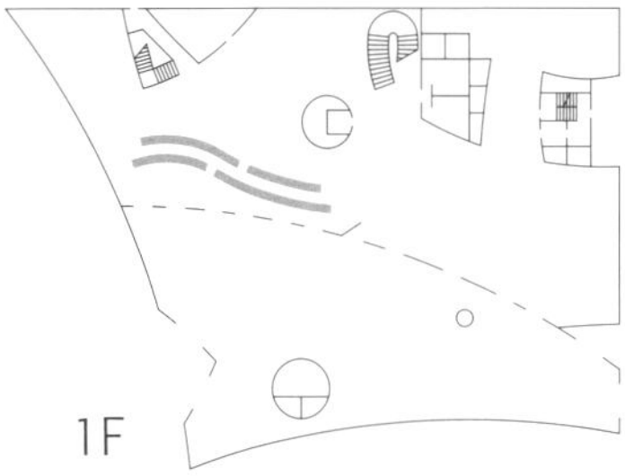

❶シナリオ…新聞架（平台）。書店における平台陳列 ❷プログラム…最新号、表紙重視（バックナンバーは別置） ❸仕様…ガラス天板。ガラス下に雑誌架（平台） ❹設備…雑誌名プレート、ダボ（雑誌位置指定手掛かり） ❺シミュレーション… マグテーブル全体を視る・スツールで読む、立ち読みする・テーブル（ガラス面）上も使用した場合

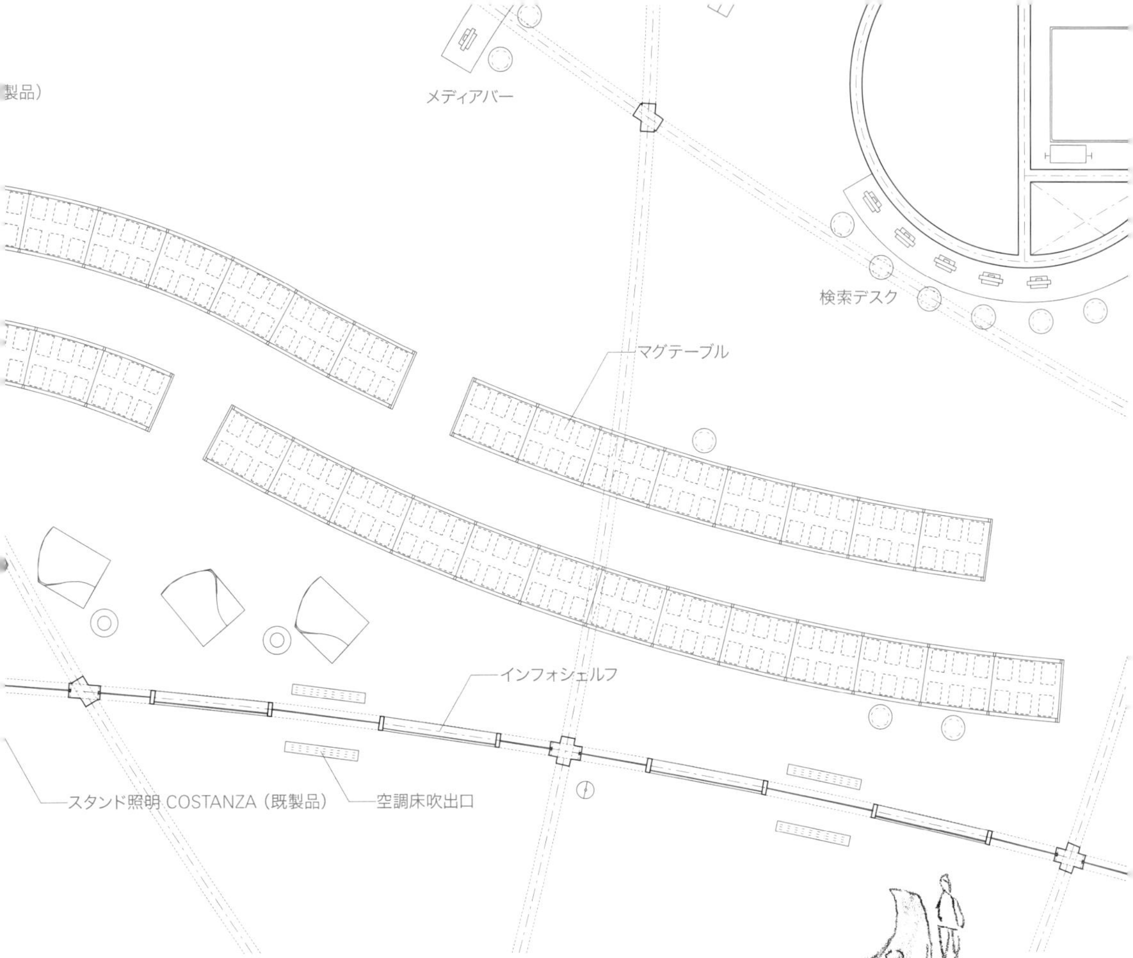

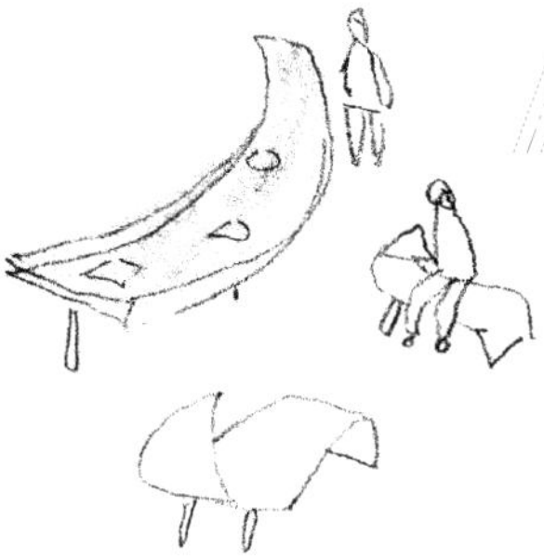

パーソナルデスク付のソファもあります。(9脚)

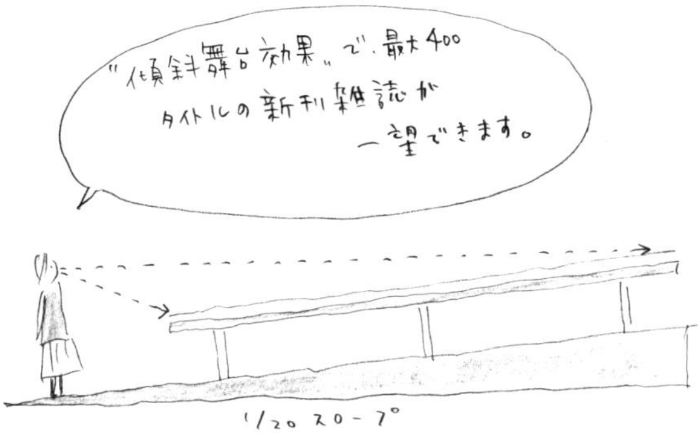

メディアバー | media bar

「ザッピング」で視聴するDVDは、バーカウンターがよく似合う

ボルトン、ワークタウンのバー。ボルトン博物館アーカイヴ「Humphrey Spender's WORKTOWN」より▸

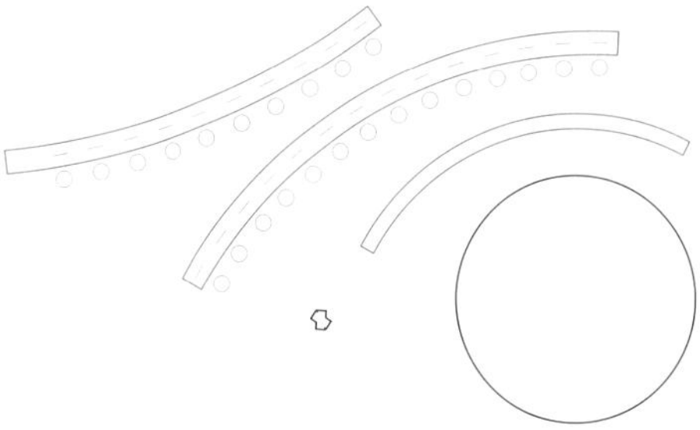

「メディアバー」はAV／CD資料をカウンタ席でブラウズするスタンド、バーカウンタ席。
コーヒースタンド、ショットバーや回転寿し店のように、機能的かつスピーディに資料にあたるための閲覧席、立席。空き席待ちがないように小さなスツールを数多く用意している。カウンタに鞄などを置かないように、混み合って来たら詰め合っていただきたい。
複数のソフトなどから特定のシーンを検索したり、早送りで映画を閲覧したりする現代的な閲覧スタイル「ザッピング」には欠かせないしつらえである。

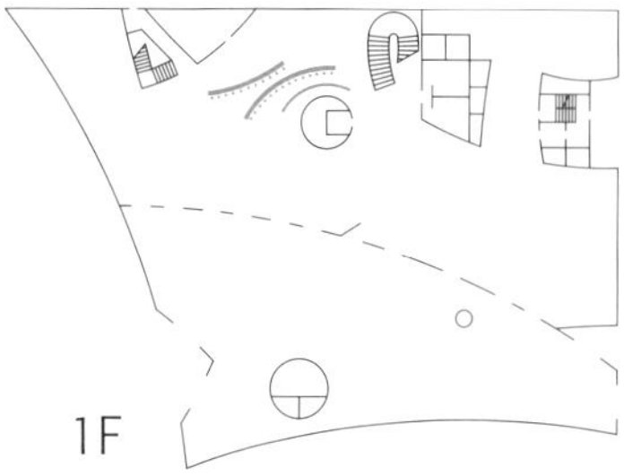

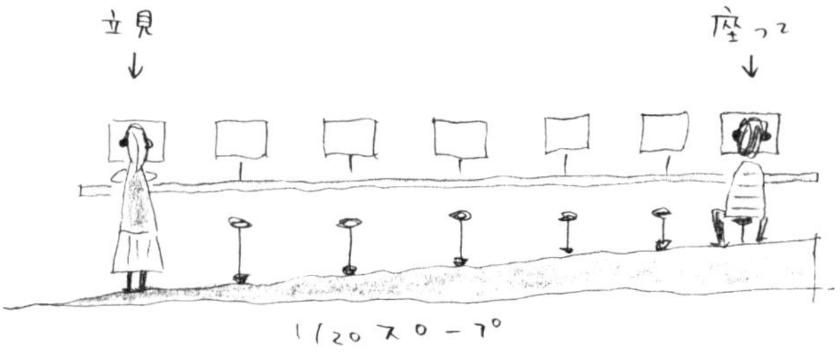

❶シナリオ…コーヒースタンド、ショットバーや回転寿し店 ❷プログラム…効率の良いDVD閲覧席、CD試聴席、立席 ❸仕様…カウンタ、スツール ❹設備…カウンタ上にモニタ、DVD／CDプレイヤー ❺シミュレーション…特定のシーンを複数のDVDから検索・持ち込みPCでインターネット接続しながら、DVDを視聴する（立席）

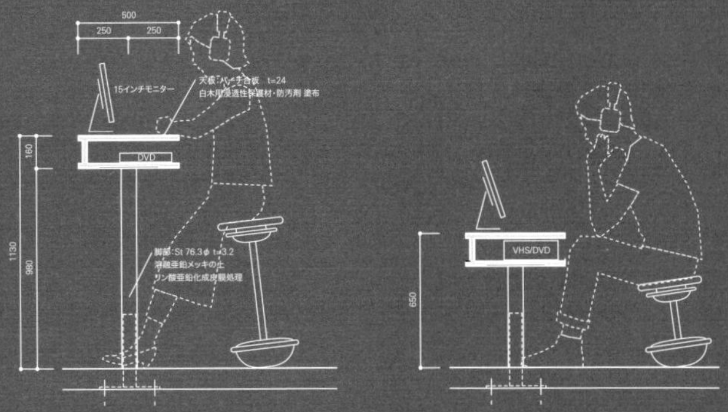

500
250
250
15インチモニター
天板:バーチ合板 t=24
白木用浸透性保護材・防汚剤 塗布
DVD
160
1130
980
脚部:St 76.3φ t=3.2
溶融亜鉛メッキの上
リン酸亜鉛化成皮膜処理
650
VHS/DVD

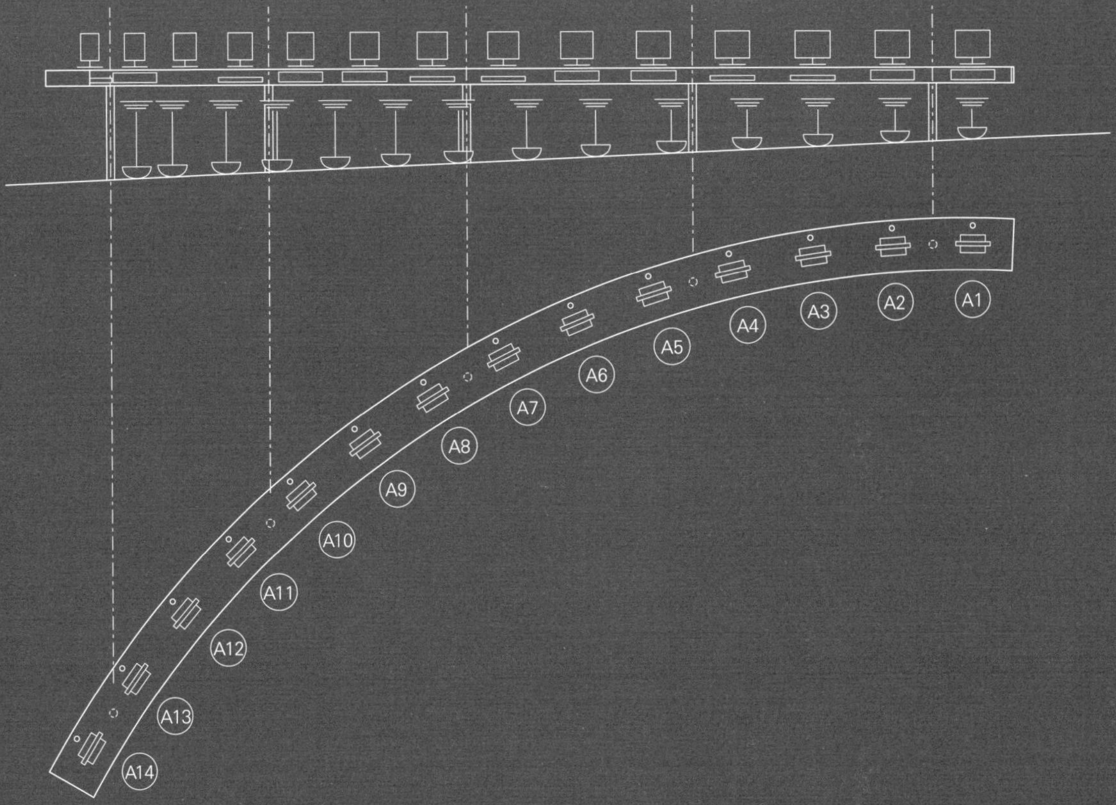

A1
A2
A3
A4
A5
A6
A7
A8
A9
A10
A11
A12
A13
A14

メディアシート | media seat

ビジネスクラスのシートはミニマルだが完璧な個人的AV閲覧環境を確保している

JALのシート『JAL Design Collection』より▶

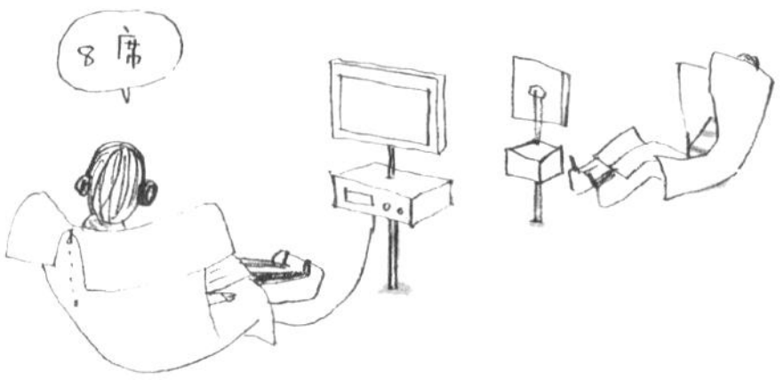

「メディアシート」は、旅客機のビジネスクラス席である。
最小限のしつらえでありながらも、プライベート感のある快適さ、そして機能的なAV環境を確保している。「メディアバー」のように、AV資料をつぎつぎにザッピングするのではなく、厚手のコートのように身体を包み込む座席に身を委ねて、映画を最初から最後までじっくりと鑑賞していただきたい。背中のジッパーで背もたれのコンディションを調整することができる。
藤江和子によるこの図書館のためのオリジナルデザイン。

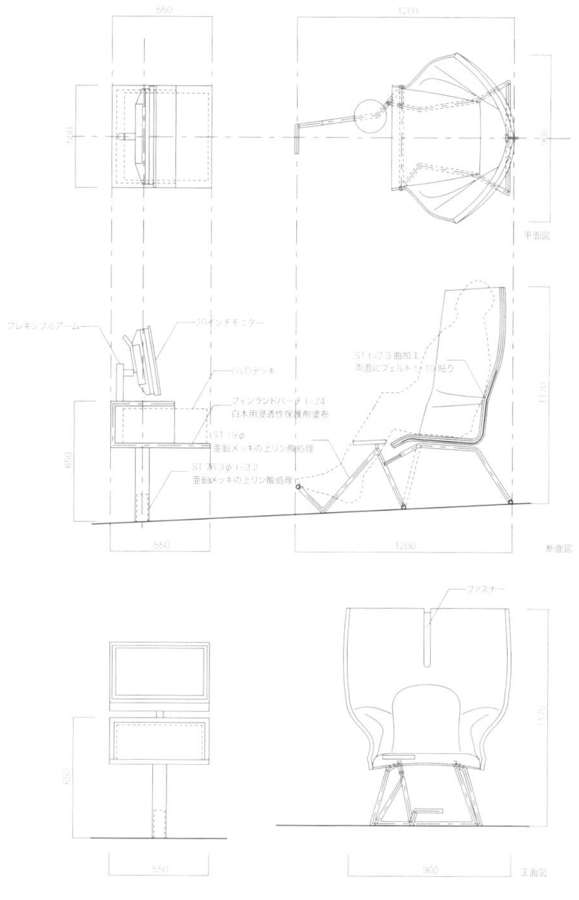

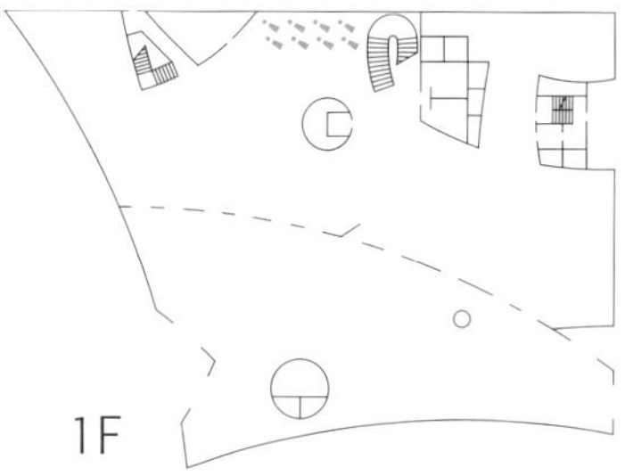

❶シナリオ…航空機(ビジネスクラス)の客席 ❷プログラム…DVD閲覧 ❸仕様…ソファ ❹設備…DVD/レーザーディスク/ヴィデオ・プレイヤー、ヘッドホン、小テーブル ❺シミュレーション…映画を視ながら雑誌を読む

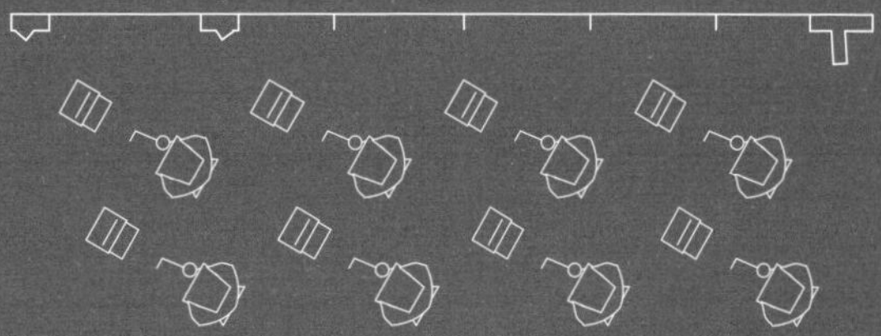

AVブース | AV booth

小グループの映像鑑賞はリラックスした姿勢だが、時にはディスカッションを伴う

VTRを確認するコメディアン、ジャックパール『コーネル・キャパ写真集〈われらの時代〉』より▶

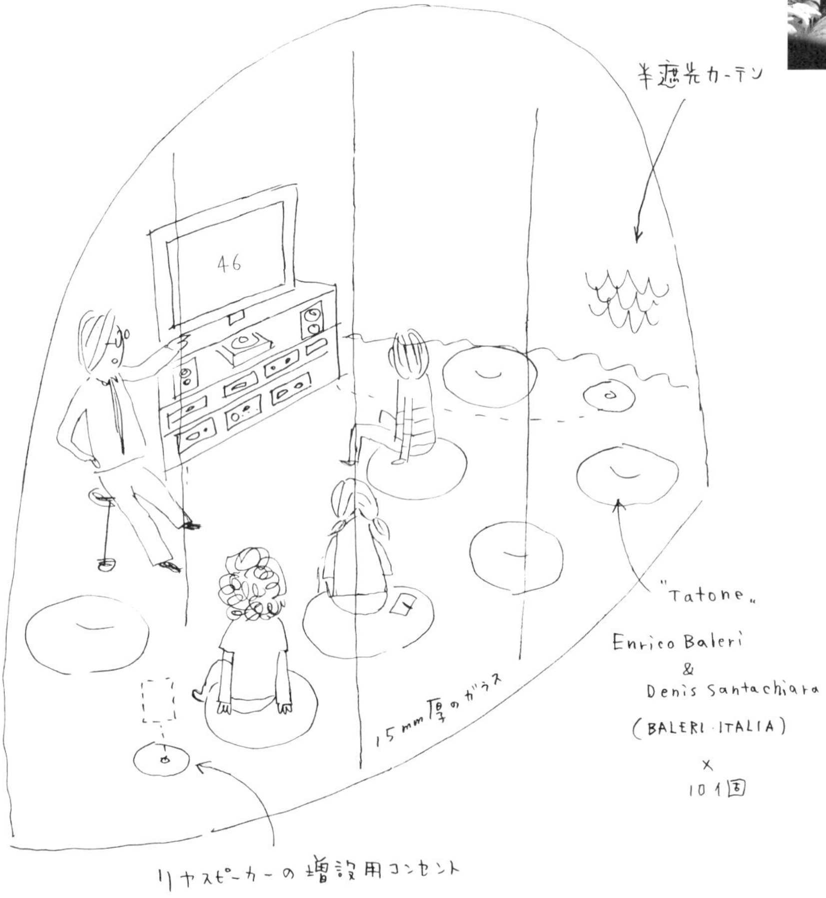

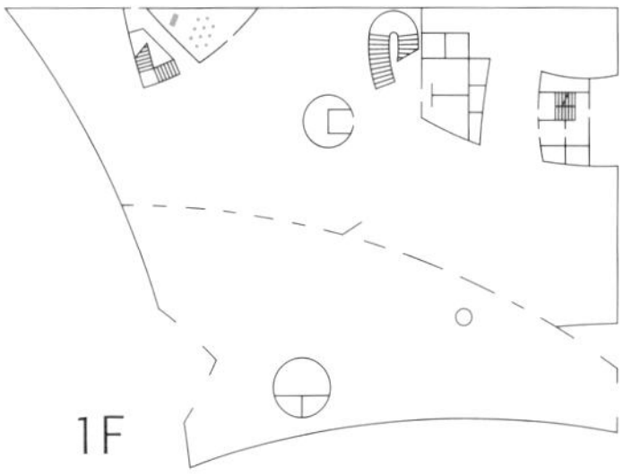

❶シナリオ…ライブな映画館 ❷プログラム…DVDなどのグループブラウジング、映像と音響を用いる小規模なプレゼンテーション、ゼミ ❸仕様…ガラス間仕切り、椅子(10脚) ❹設備…46インチ液晶モニタ、スピーカ:CD、LD、DVD、VHS、ブルーレイディスク、LPレコード ❺シミュレーション…スピーカを用いた映画コンテンツのグループ視聴・映像を用いたゼミ、プレゼンテーション

「AVブース」は映画館、あるいは屋外映画上映会の会場である。AV資料を用いた小規模のグループによる視聴、映像プレゼンテ–ションを用いたゼミに用いる。勾配床面、ボール状のスツールは屋外のようなライブな雰囲気をつくり、自由なディスカッションを誘うのである。

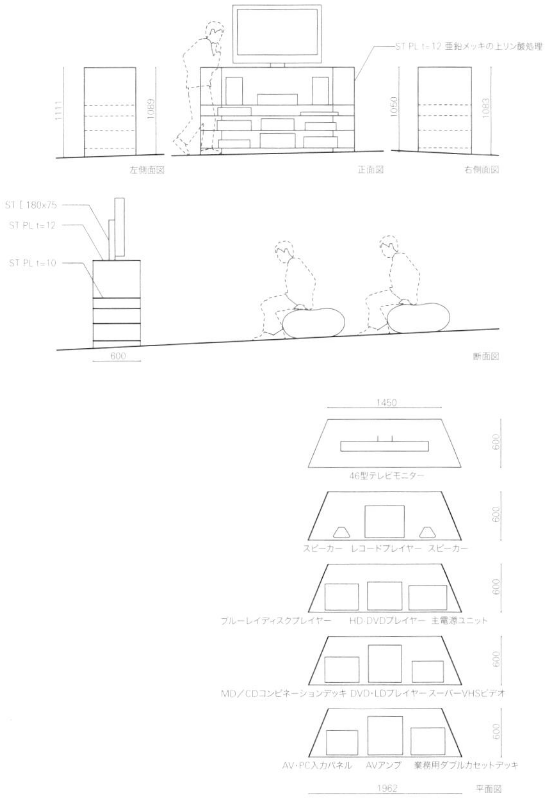

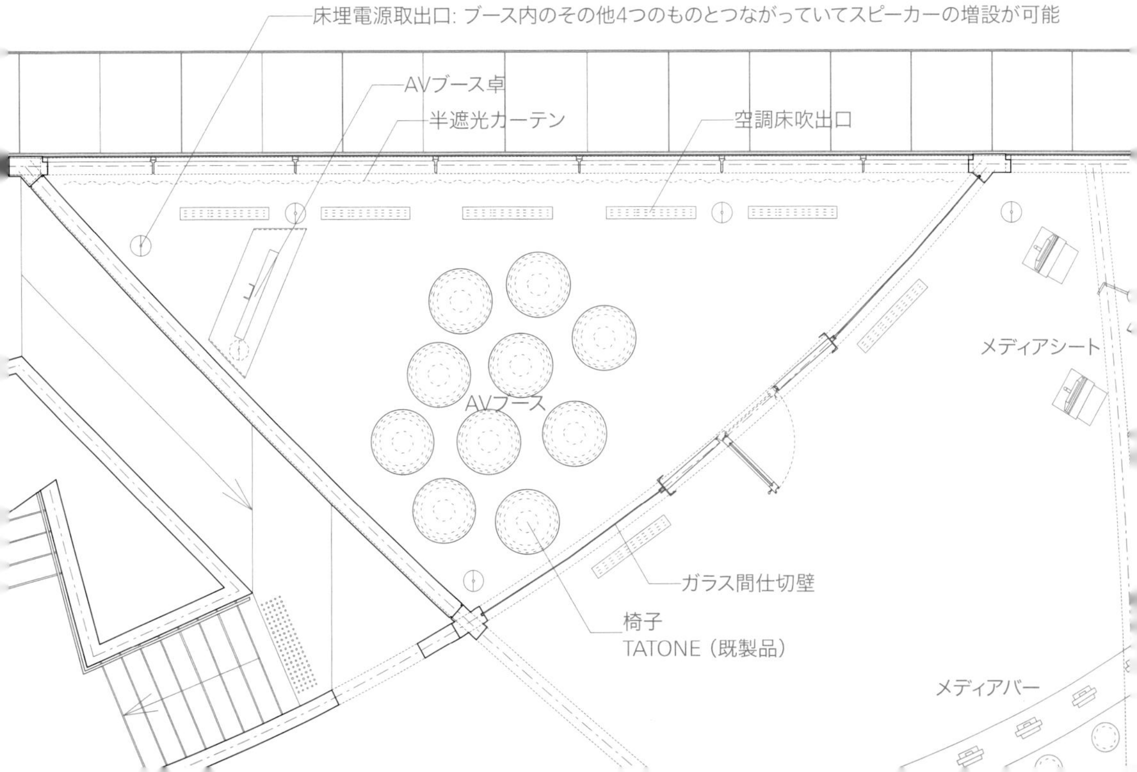

大型本シェルフ | XL shelf

書架から離れず、書架と一体化したテーブルトップで立ち読みする

ライデン大学図書館の書棚。『本棚の歴史』より▶

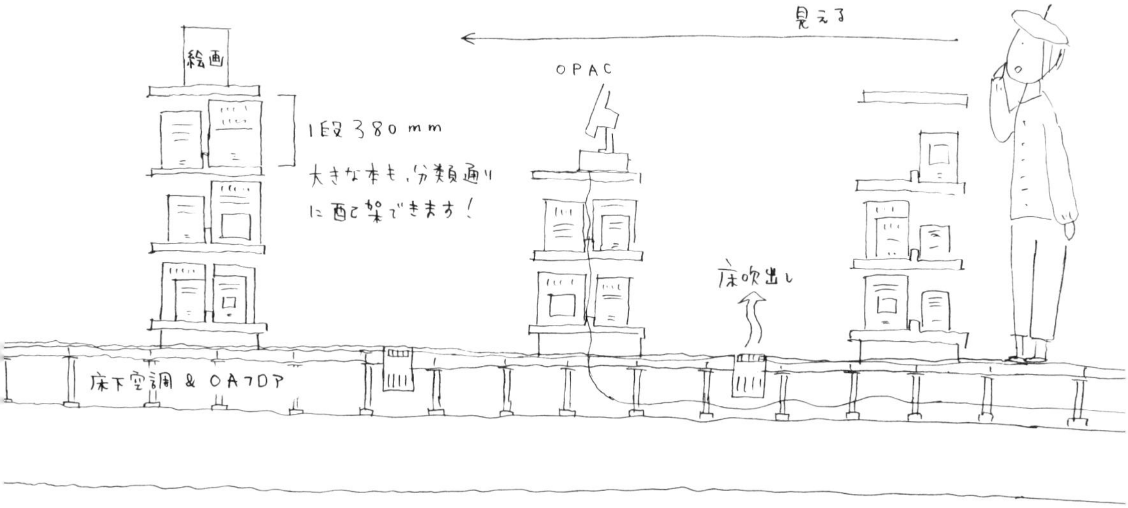

「大型本書架」はヨーロッパ中世、羊皮紙写本時代の「鎖付き書棚」を思い起こさせる。
図書館黎明期の本は貴重品であり、大きく重かった。盗難防止のためその本は書棚に繋がれており、利用者は棚の胴につけられた台の上で、しかも、多くの場合は立ち姿勢で閲覧したのである。
現代の美大図書館に収蔵する美術書、デザイン書などは、同じように大型の判型のものが多い。特定の絵や写真ページに到達するためには、複数の本を棚から取り出してブラウジングする必要がある。中世図書館におけるブラウジングのインタラクション（動作）は、このようなやっかいな読書法に鍵を与えてくれる。大型書架の天板はところどころ、立ち姿勢で本を開き、ページを捲るのにちょうど良い高さに設定されている。同じ場所に付けられた、テーブルスタンドの明かりはそこで閲覧を誘導するしつらえでもある。

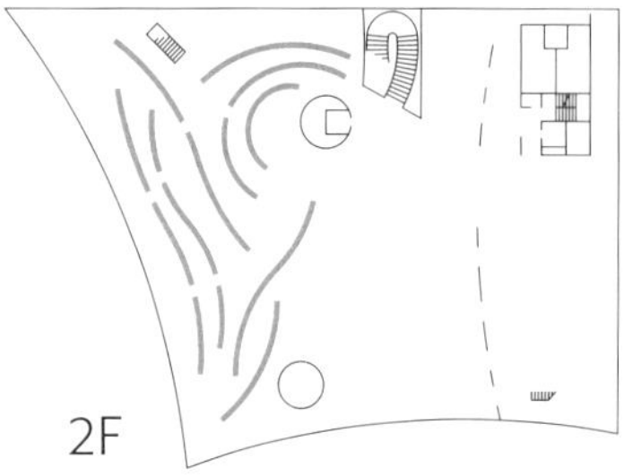

❶シナリオ…中世写本の鎖付き書棚と閲覧台 ❷プログラム…美術書（大型本）書架、および閲覧台 ❸仕様…１段の最大図書サイズ：高さ380mmまで×３段 ❹設備…テーブルスタンド ❺シミュレーション…大型判型本の閲覧姿勢・配架書籍のリスト

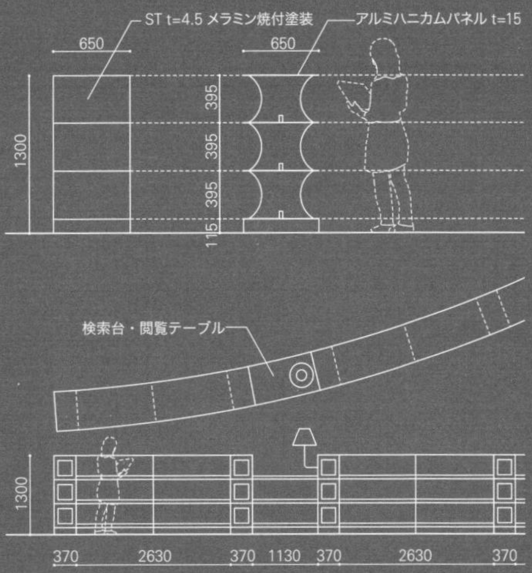

ST t=4.5 メラミン焼付塗装
アルミハニカムパネル t=15
650
650
1300
395
395
395
115
検索台・閲覧テーブル
1300
370
2630
370
1130
370
2630
370

閲覧デスク | desk

さまざまなかたち、大きさのデスクを選んでじぶんの閲覧スタイルをつくる

ニューヨークのカフェで楽譜を読むストラヴィンスキー。『ヴィトラミュージアム開館ニュース』より▶

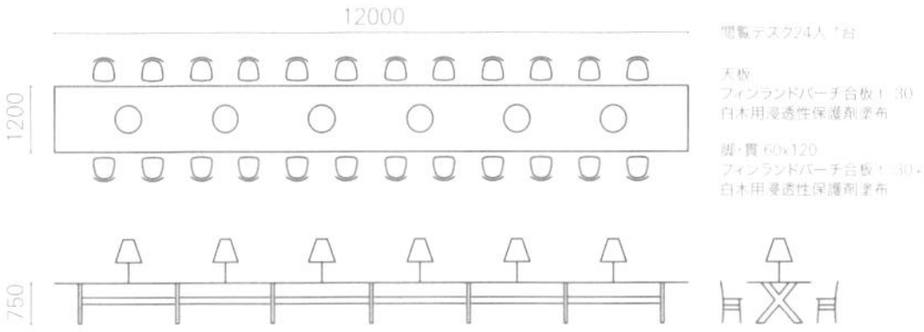

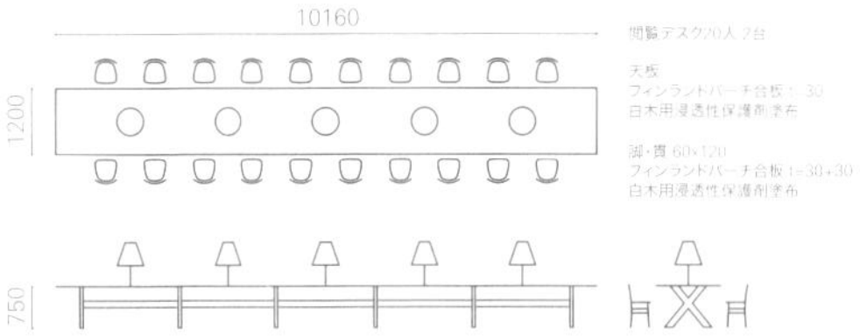

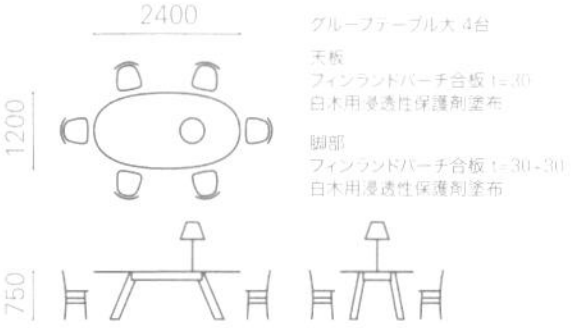

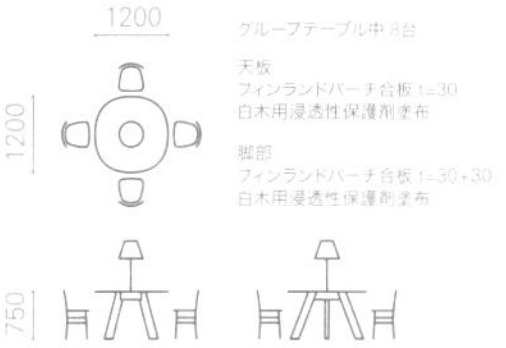

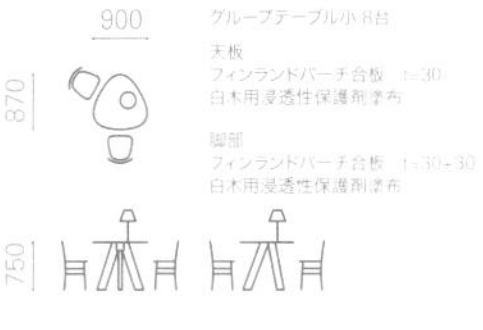

「閲覧デスク」はアカデミックな図書館の奥にある落ち着いた閲覧席にあるキャレル、あるいはカフェの一角にある小さなテーブルである。

多摩美図書館の閲覧席は大型の24人用から、小さな2人用のおむすび形テーブルなど、さまざまなものが用意されている。また、窓際につくられた連続する席もある。利用者はそれぞれの閲覧スタイル、学習のスタイルに適した、快適な席を探し出し、馴染みの空間に使い込んでいけばよい。たとえ、それが大きな空間の下に置かれた小さなテーブルであったとしても…。テーブルの上に置かれたデスクライトは、そのような読書環境を手助けする装置である。

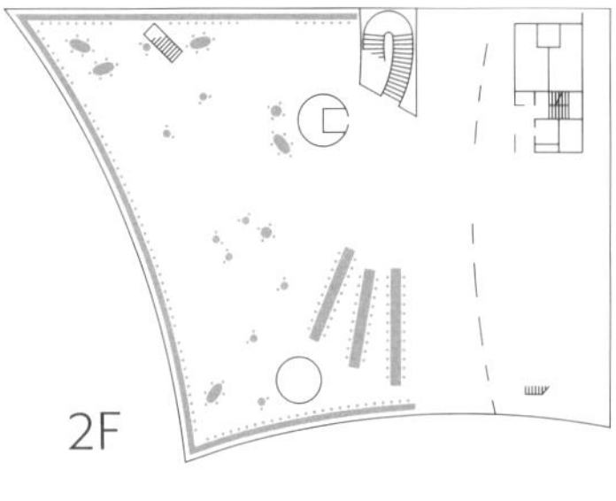

❶シナリオ…アカデミックな図書館の閲覧席（キャレル）、カフェのテーブル ❷プログラム…個人閲覧席 ❸仕様…天板、椅子（伝統的なブナ材の椅子）、ケヴィチェア ❹設備…デスクランプ ❺シミュレーション…アーチで囲まれた大テーブル・小さな丸テーブル

個人閲覧席｜carrel

窓の傍らにある読書環境

フェルメール「地理学者」▶

「個人閲覧席」、いわゆるキャレルは閉架書庫の奥にある。ここは、一定期間、図書館で特定の事項の調べ物をしたり、論文を書いたりするために、あらかじめ予約して利用する個人席である。資料を積み重ね、あるいは書架と席の間を頻繁に往復したりすることのできる設えがなされている。デスクは比較的余裕をもった広さ、機能的なタスクライティング、キャスター付きの椅子（Kevi P.184参照）が用意され、簡素だが機能的なオフィスとなる。また、至近距離にコピーサービス、ラボラトリーが設けられている。

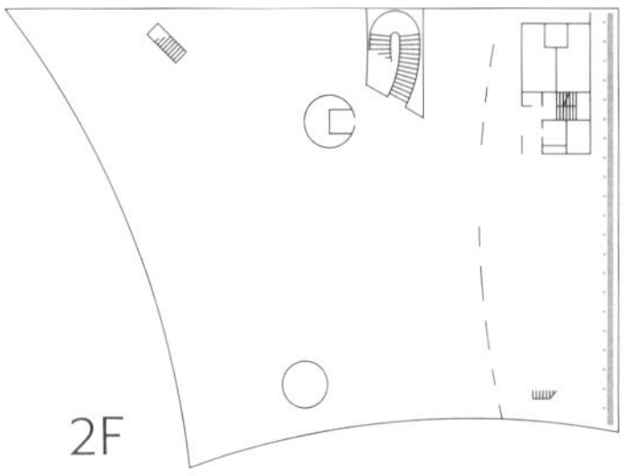

❶シナリオ…窓脇、落ち着いた閲覧環境 ❷プログラム…（原則として）卒論・修論生、教員の一定期間利用 ❸仕様…天板（幅：1人あたり1750mm、奥行き：750mm）、照明（ラクソ）、椅子（ケヴィチェア） ❹設備…LAN、AC電源コンセント ❺シミュレーション…論文執筆利用（文献資料積重ね）・教員利用

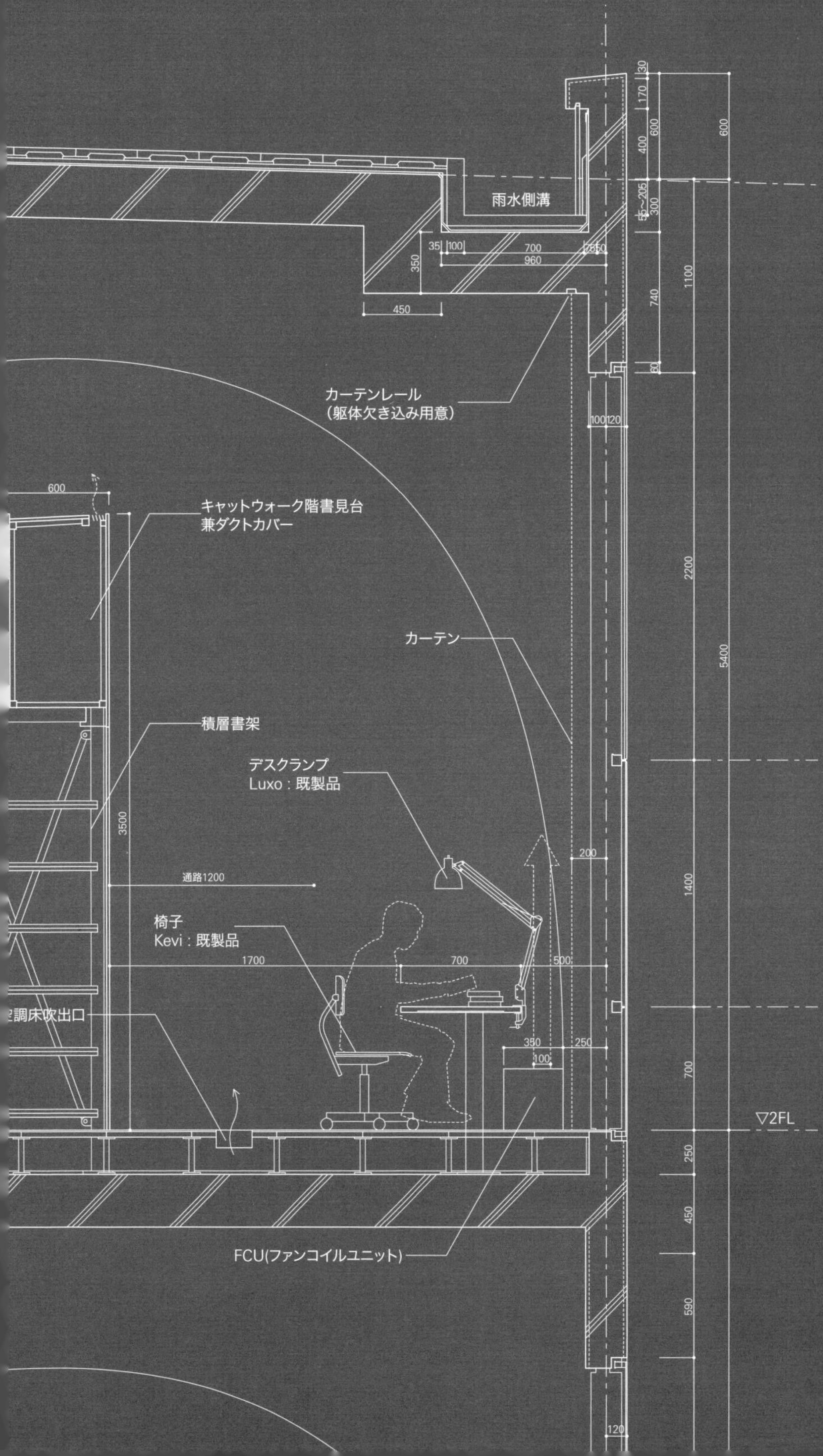

雨水側溝
カーテンレール
（躯体欠き込み用意）
キャットウォーク階書見台
兼ダクトカバー
カーテン
積層書架
デスクランプ
Luxo：既製品
通路1200
椅子
Kevi：既製品
調床吹出口
FCU(ファンコイルユニット)
▽2FL

[プロジェクトレコード]

工事状況定点観測

2005年11月から始まる16か月間の工事の定点観測。（写真は2006年1月から2007年1月）

06/06/23

06/06/30

06/07/07

06/07/14

06/07/21

06/07/28

06/08/04
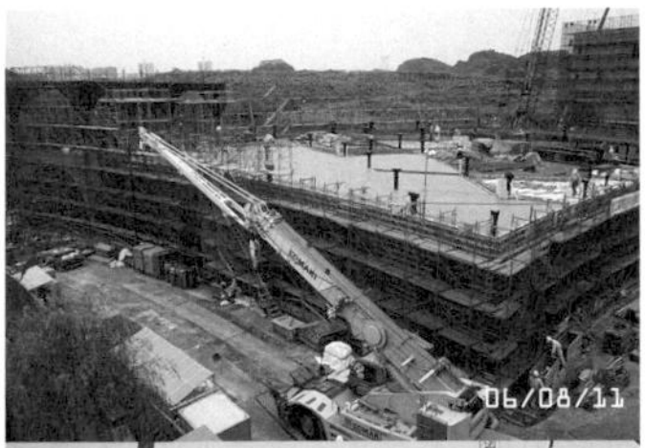
06/08/11

06/08/18

06/08/25

06/09/01

06/09/07

06/09/22

06/09/29

06/10/20

06/11/03

06/11/24

06/12/01

06/12/22

07/01/05

07/01/12

図書館をつくったプロフェッショナルたち

たとえば、コンピュータで描かれたシンプルなコンクリートの曲面を現実のものとするのは、木の合板で完璧な曲面をつくる型枠づくりや、コンクリートをくまなく型枠に流し込んで気泡を消す職人たちの手の力。多摩美図書館はたくさんの異なる領域を受け持つ「スーパー職人」たちによる手作り一品ものだ。ここで各領域を代表とする職人たちを紹介しよう。

職種：型枠工事
道具：パソコン、図面、スケール
渡部謙也／渡部工務店
年齢52歳　身長172cm

職種：型枠大工
道具：丸ノコ、ハンマー、手ノコ、他
下浅武雄／渡部工務店
年齢54歳　身長158cm

職種：左官工
道具：トンボ、土間ゴテ
河村 靖／山尾工業
年齢43歳　身長165cm

職種：クリーニング
道具：モップ
植田典仁／西東京クリーニング
年齢44歳　身長177cm

職種：鳶
道具：ラチェットレンチ
亀田弘之／大木組
年齢38歳　身長180cm

職種：塗装
道具：ローラー
田村長弘／庄司塗装
年齢34歳　身長165cm

職種：金物工
道具：ホルダー
浮辺 修／クイック
年齢38歳　身長175cm

職種：墨出し工
道具：トランシット、パソコン
鈴木雄二／龍埜建設
年齢38歳　身長173cm

職種：アスファルト防水
道具：アスファルトハケ
佐藤誠一／高山工業
年齢35歳　身長168cm

職種：左官工
道具：コテ
遠山智巳 ／山尾工業
年齢60歳　身長163cm

職種：ダクト工事、空調整備
道具：ヤナギ、ダクト管
太田博昭／テクノ凌和
年齢34歳　身長167cm

職種：配管工事
道具：パイプレンチ
大塚照明／設備JV
年齢49歳　身長167cm

職種：電工
道具：ドライバーレンチ、電線、他
金田光男／東光電気工事
年齢52歳　身長168cm

職種：シーリング防水
道具：シーリングガン
佐渡吉剛／多摩防水技術
年齢38歳　身長171cm

職種：警備員
道具：なし
植村達雄／日本建設警備
年齢64歳　身長170cm

職種：ガラス工事　道具：吸盤
菅野茂彦／
AGC硝子建材エンジニアリング
年齢33歳　身長173cm

職種：造作大工
道具：ノコギリ、さし金
日陰道雄／日陰工務店
年齢53歳　身長155cm

職種：土工
道具：バイブレーター
阿部幸夫／大木組（真純）
年齢54歳　身長173cm

職種：鳶
道具：単管、ラチェットレンチ
星 芳彦／大木組
年齢32歳　身長200cm

職種：造園工
道具：木ばさみ
七尾 徹／富沢造園
年齢27歳　身長180cm

職種：重機オペレータ
道具：木づち
宮崎一男／松馬興業
年齢67歳　身長162cm

多摩美図書館で使われている市販の家具たち

図書館で利用者が触れるユニークな家具たち。オリジナルデザインの家具もあるが、多くの家具はここで紹介するように市販されているもの。傾斜した床のうえで自立できる家具をつくったデザイナーたちの想像力も、この図書館の傾斜した床を可能にしてくれた重要な要素だ。

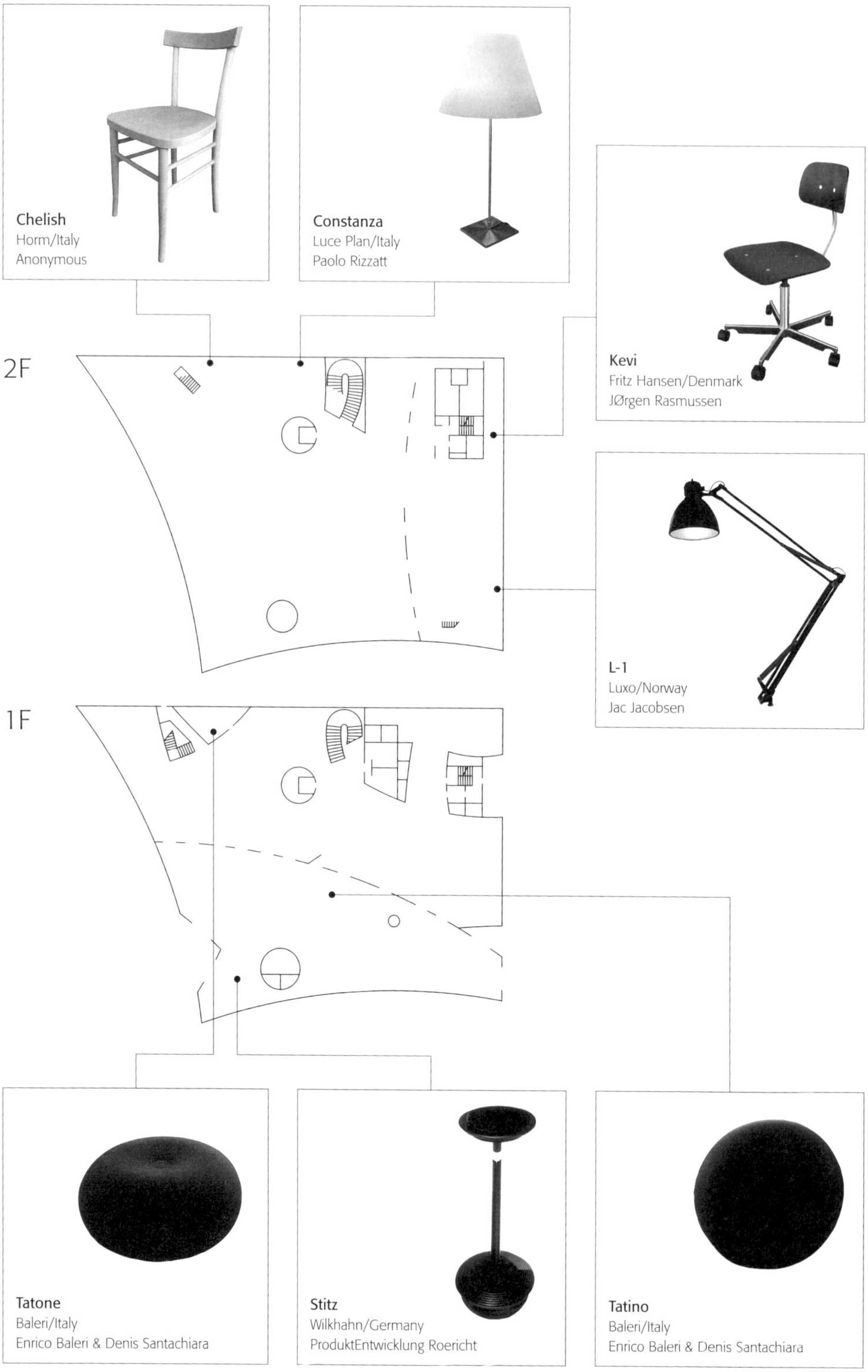

多摩美術大学図書館　建築計画

多摩美術大学八王子キャンパスの新しい図書館プロジェクトは、2004年春にその設計がスタートした。34年間愛されてきた旧図書館は、蔵書数約11万冊、うち開架は2万冊ほどであったが、新しい図書館ではそのほとんどを開架とし、これに閉架書庫と集密書庫を加えて、合計30万冊が収蔵可能な規模となる。その他、新規に映像閲覧機能、図書館資料を利用したゼミや編集作業などのできるラボラトリー、機能的で広いオフィス、多目的ギャラリーなどを併設して、延べ床面積は5600平方メートルとなった。旧図書館は資料センターとして再生し、新しい図書館は、拡張したキャンパスの正門そば、学内のメインストリートとなる並木の坂道沿いに新築された。建築面積は約2000平方メートル、地下1階、地上2階の建物は、設計を伊東豊雄建築設計事務所が、構造の基本設計を佐々木睦朗構造計画が、構造の実施設計と設備設計を、施工を請け負う鹿島建設の設計部、家具設計を藤江和子アトリエがそれぞれ担当し、すべてを学内の設計組織であるキャンパス設計室が統括する体制で、19か月の設計期間と16か月の施工期間を経て、2007年春に完成、稼働を開始した。

建築名称：多摩美術大学附属図書館
所在：東京都八王子市
設計事務所名：伊東豊雄建築設計事務所
建築主：多摩美術大学
用途：図書館

[設計・監理]
キャンパス計画：多摩美術大学八王子キャンパス設計室
担当／田淵 諭　稲垣雄介　国府田文雄
建築・設備：伊東豊雄建築設計事務所
担当／伊東豊雄　東 建男　中山英之　庵原義隆
設計協力（建築）鹿島建設
担当／木曽康晴　藤澤 真　松岡良樹
設計協力（設備）鹿島建設
担当／川崎克己　大橋清文　谷 泰文
構造：佐々木睦朗構造計画研究所
担当／佐々木睦朗　満田衛資
設計協力鹿島建設
担当／上野 薫　山口圭介
インタラクションデザイン：建築都市ワークショップ
担当／鈴木 明
家具デザイン：藤江和子アトリエ
担当／藤江和子　野崎みどり　豊田恵美子　俵 聡子
カーテンデザイン・製作：株式会社 布
担当／安東陽子
監理：伊東豊雄建築設計事務所
担当／伊東豊雄　東 建男　中山英之　庵原義隆
多摩美術大学八王子キャンパス設計室
担当／田淵 諭　稲垣雄介　国府田文雄
多摩美術大学旧整備室
担当／渡邊清光

[施工]
建築：鹿島建設
担当／青木幹雄　森田健一　鈴木敏隆
設備：鹿島建設
担当／森井 弘　吉川健哉
施工図：エバグリーン
担当／肥田 健
空調・衛生：テクノ菱和　東洋熱工業　三建設備
担当／井本義弘　井本 徹　板垣義幸
電気：旭日電気　関電工　東光電気
担当／安藤 守　増田昌平
サイン：フロムトゥ
カーテンレール：サイレントグリス
グレーチング（免震蓋＋室内床レタン）：カワグレ
特注照明：東芝ライテック
家具製作統括：丸善
家具製作：YKKAP、イノウエインダストリィズ、アトリエ海

[規模]
敷地面積：159,184.87m^2
建築面積：2,224.59m^2
延床面積：5,639.46m^2
建蔽率（学内全体）：22.87%（許容33.47%）
容積率（学内全体）：58.56%（許容111.56%）
各階床面積：地下1F／852.62m^2
1F／2,287.72m^2
2F／2,499.12m^2
階数：地上1階，地下2階
天井高：1F　3400mm～6600mm
2F　5100mm～6700mm
最高軒高／最高高さ：10,900mm／13,110mm

[期間]
設計期間：2004年4月～2005年10月
施工期間：2005年11月～2007年2月

[敷地条件]
地域地区：第2種住居地域　準防火地域　第2種高度地区
道路幅員：東16.00m

[構造]
主体構造：鉄骨＋コンクリート造　一部鉄筋コンクリート造（地下階）
杭・基礎：PHC節付杭

[設備]
■空調設備
熱源：吸収式ガス冷温水発生機
空調方式：中央熱源＋AHU方式主体　一部GHP方式　ペリメータ処理としてFCU方式
■衛生設備
給水：上水および中水とも高架水槽方式
給湯：個別方式（電気温水器）
排水：建物内外汚水雑排水分流方式
■電気設備
受電方式：6.6kV　高圧受電方式
設備容量：単相3線105/210V：300KVA、三相3線210V：300kVA
契約電力：2380KW（キャンパス全体）
昇降機等：乗用：2基（15人乗り、45m／分、身障者対応）
消化設備：屋内消火栓設備　窒素ガス消火設備（地下階書庫）
その他：自動火災報知設備、非常放送設備、誘導灯設備

[躯体工事]
鉄骨製作　安藤鉄工建設
型枠製作　大貫木材工業　渡部工務店

[外部仕上げ]
屋根：アスファルト防水＋断熱材＋コンクリート成形板
外壁：コンクリート化粧打ち放し＋水性シリコン系樹脂塗装
開口部：ガラススクリーン（AGC硝子建材エンジニアリング）

[内部仕上げ]
■1／アーケードギャラリー　雑誌・映像閲覧エリア
天井：コンクリート化粧打ち放し＋疎水剤塗布　一部グラスウールボタン留め
壁：コンクリート化粧打ち放し＋疎水剤塗布　一部可とう形内装薄塗材（トップガン工法）
床：コンクリート金ゴテ押え＋浸透性コンクリート表面強化仕上剤
■2／オフィスエリア
天井：コンクリート化粧打ち放し＋疎水剤塗布　一部グラスウールボタン留め
壁：コンクリート化粧打ち放し＋疎水剤塗布　一部可とう形内装薄塗材（トップガン工法）
床：フリーアクセスフロア（日立機材 軽量モルタル充填型）＋タイルカーペットt=8（長谷虎紡績）
■3／開架・閉架閲覧エリア
天井：コンクリート化粧打ち放しの上疎水剤塗布
壁：コンクリート化粧打ち放しの上疎水剤塗布
床：フリーアクセスフロア（日立機材 軽量モルタル充填型）＋タイルカーペットt=10（長谷虎紡績）

多摩美術大学図書館　計画図

2F平面図

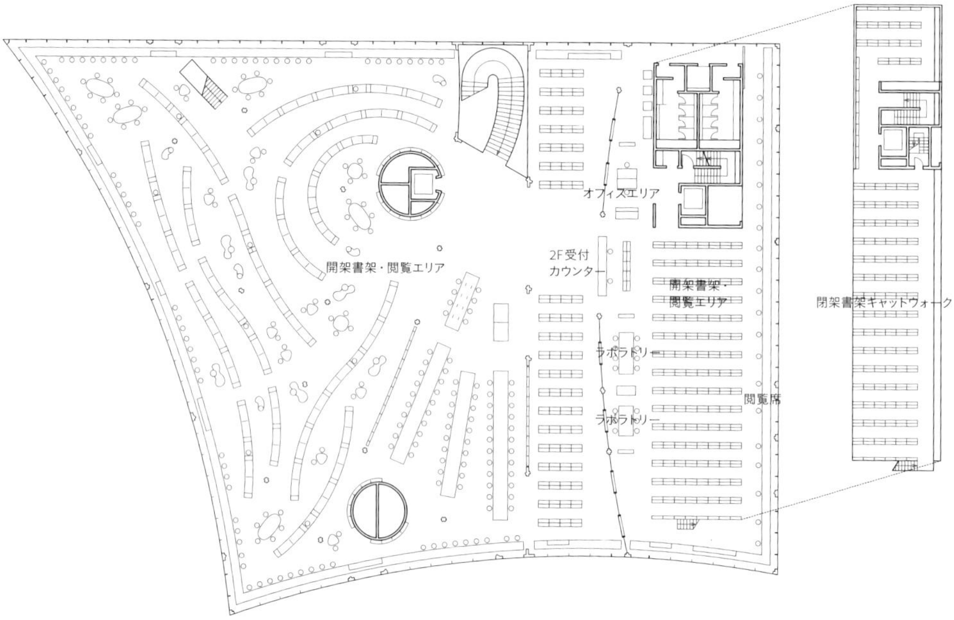

配置図・1F平面図

B1F平面図

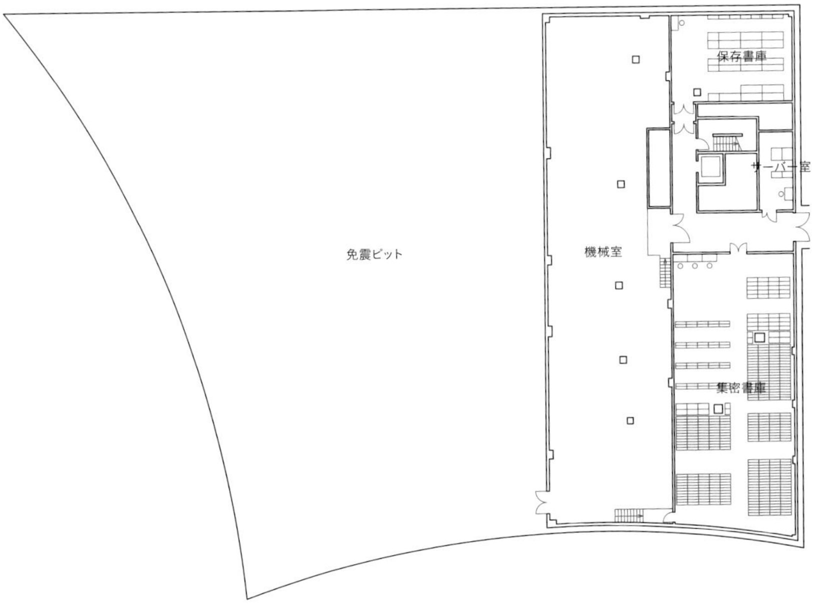

西側立面図

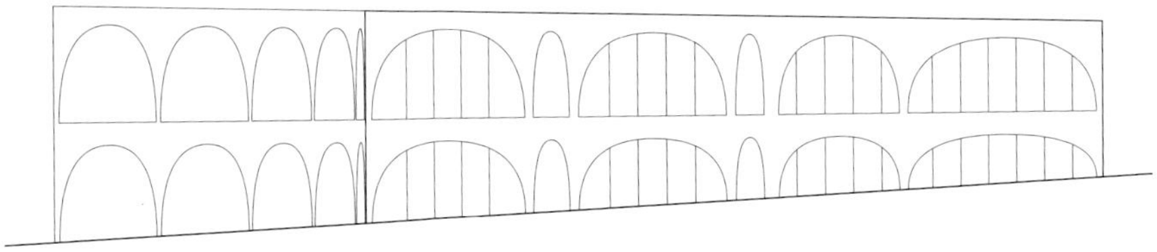

南北断面図

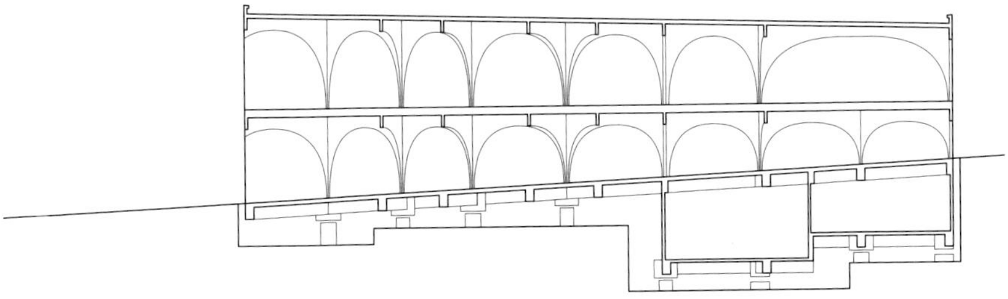

執筆者プロフィール

伊東豊雄（いとう・とよお）
建築家・多摩美術大学環境デザイン学科客員教授
1965年東京大学工学部建築学科卒業。71年アーバンロボット設立。79年伊東豊雄建築設計事務所に改称。主な作品に「せんだいメディアテーク」「まつもと市民芸術館」「TOD'S表参道ビル」「福岡アイランドシティ中央公園ぐりんぐりん」「瞑想の森市営斎場」「コニャック・ジェイ病院（パリ）」「VivoCity（シンガポール）」などがある。日本建築学会賞、芸術選奨文部大臣賞、日本芸術院賞、グッドデザイン大賞、ヴェネツィア・ビエンナーレ「金獅子賞」、王立英国建築家協会（RIBA）ゴールドメダルなど受賞。2007年4月、本書のテーマである多摩美術大学図書館が完成。07年夏時点で「バルセロナ見本市会場〈モンジュイック2〉」（スペイン）、「リラクゼーション・パーク・イン・トレヴィエハ」（スペイン）、「台中メトロポリタンオペラハウス」（台湾）、「高雄スタジアム」（台湾）、「カリフォルニア大学バークレー美術館／パシフィック・フィルム・アーカイブ」（アメリカ）などのプロジェクトが進行中。

青野 聰（あおの・そう）
小説家・多摩美術大学共通教育教授
1943年東京生まれ。早稲田大学文学部在学中に旅に出て、足かけ12年間を海外で暮らす。主な著作に『愚者の夜』（芥川賞）、『人間のいとなみ』（芸術選奨文部大臣賞）、『女からの声』（野間文芸新人賞）、『母よ』（読売文学賞）、『母と子の契約』、『オレンジ色の海』、『遊平の旅』、『友だちの出来事』、『海亀に乗った闘牛師』など。

飯島洋一（いいじま・よういち）
建築評論家・多摩美術大学環境デザイン学科教授
1959年東京生まれ。早稲田大学大学院修士課程修了。現代建築の評論と20世紀建築の研究をテーマとし、内外の現代建築作品の批評を新聞、雑誌などに寄稿する。1999年度「アーキテクチュア・オブ・ザ・イヤー展」プロデューサーを務める。2003年にサントリー学芸賞を受賞。主な著作に『建築と破壊』（06）、『グラウンド・ゼロと現代建築』（06）など。

石田晴久（いしだ・はるひさ）
情報科学者・サイバー大学教授・同大学IT総合学部長
1936年生まれ。アイオワ州立大学電気工学PhD、マサチューセッツ工科大学研究員、東京大学名誉教授、98年から2006年まで多摩美術大学情報デザイン学科教授を経て現職。Internet Society功績賞、情報処理学会功績賞受賞。主な著作に『新パソコン入門』、『パソコン自由自在』、『コンピューターネットワーク』、『インターネット自由自在』、『ブロードバンドを使いこなす』、『インターネット安全活用術』など。

伊藤俊治（いとう・としはる）
美術史家・多摩美術大学情報デザイン学科客員教授
1953年秋田生まれ。東京藝術大学教授 東京大学大学院修士課程修了。アートとサイエンス、テクノロジーが交差する視点から多角的な評論活動を行う。おもな展覧会企画・監修に「移動する聖地」（98、ICC）、「CHIKAKU ── 四次元との対話 ──」（2006、岡本太郎美術館）など。

草深幸司（くさぶか・こうじ）
視覚デザイン学・多摩美術大学名誉教授
1937年兵庫生まれ。日本大学芸術学部美術学部グラフィックデザイン専攻卒。68年西ドイツ国立カッセル工芸学校GD科客員講師、87年ドイツカッセル総合大学芸術系客員教授を経て89年多摩美術大学グラフィックデザイン学科教授。主な著作に論文：「造形過程の構造」、「Max Benses Ästhetik unter dem Gesichtpunkt des Algorithmus」、『構成的ポスターの研究』（共著）、『リヒャルト・パウル・ローゼの構成的造形世界』（共著）、『20世紀コンピュータ・アートの軌跡と展望』（共著）、訳書に『マックス・ベンゼ：情報美学入門』などがある。

坂根厳夫（さかね・いつお）
メディア文化評論家・多摩美術大学情報デザイン学科客員教授
1930年中国青島生まれ。東京大学建築学科卒、同大学院修士課程修了。朝日新聞社、慶應義塾大学環境情報学部教授を経て、IAMAS（96年岐阜県立国際情報科学芸術アカデミー、01年情報科学芸術大学院大学）学長就任（現在は名誉学長）。新聞社時代から芸術・科学・技術の境界領域をテーマに取材・執筆、評論活動を行い、76年以降、芸術・科学・技術の境界領域の展覧会企画プロデュースに数多く携わる。ISAST機関誌『Leonardo』名誉編集委員。

佐藤晃一（さとう・こういち）
グラフィックデザイナー・多摩美術大学グラフィックデザイン学科教授
1944年群馬生まれ。東京藝術大学工芸科卒。資生堂宣伝部を経て、個人事務所を主宰。85年東京ADC最高賞、90年毎日デザイン賞、98年芸術選奨文部大臣新人賞のほか海外での受賞多数。主にポスターデザインを通してビジュアルコミュニケーションにおけるアート性を追求し、文化性や風土性を考えている。

タイモン・スクリーチ（Timon Screech）
江戸文化研究者・ロンドン大学アジア・アフリカ研究学院（SOAS）教授・多摩美術大学共通教育客員教授
1961年英国バーミンガム生まれ。85年オックスフォード大学卒業。91年ハーバード大学博士課程修了。国際交流基金スカラー、朝日フェローを受けて日本へ留学。「ニュー・アート・ヒストリー」の方法論と、光学・機械・身体論という視点の新しさによって江戸文化論に新しい局面を開こうとしている。主な著作に『大江戸異人往来』（95）、『春画 片手で読む江戸の絵』（98）など。

清田義英（せいた・よしひで）
歴史学者・多摩美術大学学長・同大学共通教育教授
1941年神奈川生まれ。71年早稲田大学大学院博士課程修了。文学博士。専門は日本中世史、宗教制度。87年多摩美術大学教授、2002年美術学部長、07年多摩美術大学第8代学長に就任。著書に『中世寺院法史の研究』、『日本法史における多数決原理』、『中世都市鎌倉のはずれの風景』、『鎌倉の仏教とその先駆者たち』などがある。

髙橋士郎（たかはし・しろう）
造形作家・多摩美術大学情報デザイン学科教授
1943年東京生まれ。多摩美術大学プロダクトデザイン科卒・大学院修了。キネティックアート作品「立体機構シリーズ」を「エレクトロマジカ'69」、「現代美術の動向展」、大阪EXPO.'70などで発表したのをはじめ、マイコン制御の作品「黒い手」「ジャンケンロボット」などを「国際コンピューターアート展」などで発表する。個展「新しい空気膜ロボットの遊び展」をはじめ世界各地で「空気膜造形シリーズ」を発表する。多摩美術大学前学長。

田淵 諭（たぶち・さとし）
建築家・八王子キャンパス設計室室長、多摩美術大学環境デザイン学科教授
1952年東京生まれ。多摩美術大学建築科卒業。日建設計を経て、建築デザインアトリエ大岡山建築設計研究所を主宰。現在教会建築を中心に数多くの実作を手がける。日本建築家協会会員。日本建築学会会員。デザインアソシエーション理事。

辻 惟雄（つじ・のぶお）
日本美術研究・多摩美術大学名誉教授
1932年愛知生まれ。61年東京大学大学院美術史博士課程中退。同大学助手を経て62年東京国立文化財研究所美術部技官、81年東京大学文学部教授。国立国際日本文化研究セ

ンター教授、千葉市美術館館長を経て、99年4月より多摩美術大学教授、同大学学長を務める。2005年MIHO MUSEUM館長。ユニークな視点で、従来あまり注目されていなかった日本人の美意識、例えばエキセントリックな表現や遊びの精神などの発掘を行う。伊藤若冲、岩佐又兵衛らの研究、狩野元信研究も高く評価されている。

鶴岡真弓（つるおか・まゆみ）
ケルト芸術文化、ユーロ=アジア民族デザイン研究家・多摩美術大学芸術学科教授
茨城生まれ。早稲田大学大学院修了。アイルランド・ダブリン大学留学を経て、処女作『ケルト／装飾的思考』でケルト芸術文明理解の火付け役に。『ケルト美術』、『装飾する魂』、『ケルトの歴史』、『「装飾」の美術文明史』、『黄金と生命』など著作多数。日本ケルト協会顧問、日本ペンクラブ会員。

中沢新一（なかざわ・しんいち）
人類学者・多摩美術大学芸術人類学研究所所長、同大学芸術学科教授
1950年山梨生まれ。東京大学大学院人文科学研究科修士課程修了。チベットで仏教を学び、帰国後、人類の思考全域を視野にいれた研究分野（精神の考古学）を構想・開拓。東京外国語大学アジア・アフリカ研究所助手、中央大学総合政策学部教授を経て、2006年より現職。主な著作に『森のバロック』、『カイエ・ソバージュ』（全5巻）、『精霊の王』、『アースダイバー』、『芸術人類学』など。

萩原朔美（はぎわら・さくみ）
映像作家・多摩美術大学映像演劇学科教授
1946年東京生まれ。67年から寺山修司主宰の演劇実験室「天井桟敷」に在籍し、俳優、演出家として活動の後、アート・フィルム、ビデオアートの制作に取り組み、時間や記憶をテーマにした作品を制作。著作に『小綬鶏の家』、『時間を生け捕る』『砂場の街のガリバー』、『毎日が冒険』、『定点観測』。

秦 剛平（はた・ごうへい）
ユダヤ教学研究者・多摩美術大学附属図書館館長、同大学共通教育教授
ドロプシー大学大学院修了。おもな著作に『旧約聖書続編講義』、『ヨセフス──イエス時代の歴史家』。訳書に『ヨセフス全集』（全20巻、16分冊）、エウセビオス『教会史』（全10巻、3分冊）、同『コンスタンティヌスの生涯』、『七十人訳ギリシア語聖書』（全5分冊、創世記）など。ヨセフスとエウセビオスの論集をアメリカ、オランダで同時出版。

平出 隆（ひらいで・たかし）
詩人・多摩美術大学芸術学科教授
1950年福岡生まれ。一橋大学卒。詩集『胡桃の戦意のために』（芸術選奨文部大臣新人賞）、『左手日記例言』（読売文学賞）、歌集『弔父百首』、小説『猫の客』（木山捷平文学賞）、散文・評論集『光の疑い』、『ベースボールの詩学』、『葉書でドナルド・エヴァンズに』、『ベルリンの瞬間』（紀行文学大賞）、『伊良子清白』（芸術選奨文部科学大臣賞、藤村記念歴程賞、造本装幀コンクール経済産業大臣賞）。

藤江和子（ふじえ・かずこ）
インテリアプランナー・多摩美術大学環境デザイン学科客員教授
富山生まれ。87年藤江和子アトリエ設立。主な作品として慶應義塾大学三田新図書館家具設計（82）、リアスアーク美術館家具設計（94）、長野県・茅野市民館家具設計（2005）など。1996年インテリアプランニング賞、'96建設大臣賞、2005年第15回AACA賞本賞など受賞多数。東京大学工学部、長岡造形大学、広島工業大学で非常勤講師を務める。

藤谷宣人（ふじたに・のぶと）
多摩美術大学理事長
1930年鹿児島生まれ。74年多摩美術大学勤務、同事務局長、常務理事などを歴任する。91年学校法人多摩美術大学理事長に就任、現在に至る。

堀 浩哉（ほり・こうさい）
美術家・多摩美術大学絵画学科油画専攻教授
1947年富山生まれ。多摩美術大学絵画科油画専攻中退。絵画を中心に版画、映像作品、インスタレーション、パフォーマンスなどさまざまな作品を制作。2000年に堀えりぜ、畠中実と「ユニット00（ゼロゼロ）」を結成。初期から執筆活動も続けている。

松田行正（まつだ・ゆきまさ）
グラフィックデザイナー・多摩美術大学造形表現学部デザイン非常勤講師
1948年生まれ。中央大学法学部卒。グラフィックデザイン事務所および牛若丸出版を主宰。雑誌、書籍のデザインを行う傍ら、『円と四角』、記号カタログ『ZERRO』など、自ら著した書籍を多数刊行。

皆川魔鬼子（みながわ・まきこ）
テキスタイルデザイナー・多摩美術大学生産デザイン学科テキスタイルデザイン教授
京都市立美術大学染織科卒。大学在学中よりアトリエを開設、染織作家としての創作活動を始める。1971年より三宅デザイン事務所に所属しISSEY MIYAKEのテキスタイルディレクターとして企画開発を担当。株式会社イッセイ・ミヤケ取締役、企画技術ディレクター。

峯村敏明（みねむら・としあき）
美術評論家・多摩美術大学美術館館長・同大学名誉教授
1936年長野生まれ。東京大学仏文科卒。東京ビエンナーレ'70「人間と物質」展をプロデュース。以降、パリ・ビエンナーレ'71／'73／'75の国際審査員・同運営委員、サンパウロ・ビエンナーレ'77／'81の国際審査員・運営委員、インド・トリエンナーレ'94／'97の日本コミッショナーなどを歴任。「もの派」や彫刻芸術への関心・言及が多く、欧米・日本の近現代美術の研究、批評に携わる。

鈴木 明（すずき・あきら）
建築エディター・建築批評・神戸芸術工科大学教授
1953年東京生まれ。武蔵野美術大学大学院建築学科修士課程修了。建築専門誌出版者を経て87年「建築・都市ワークショップ」設立。95年より子どもを対象とする建築や都市をテーマとするワークショップを各地の美術館・公共施設・学校で開催。「くまもとアートポリス」コーディネート（86）、「せんだいメディアテーク」インタラクションデザイン（CI、サイン計画 98）。主な著作に『トーキング・マップ／変型地図』（共著、2003）、『インタラクション・デザイン・ノート』（03）、『子どもとあそぶ家づくり』（07）など

港 千尋（みなと・ちひろ）
写真家・多摩美術大学情報デザイン学科教授
1960年神奈川生まれ。早稲田大学政治経済学部政治学科卒。ガセイ南米研修基金を受けて南米各地に滞在、85年〜パリを拠点にして写真活動を行うとともに執筆活動を開始／96・97年『記憶──創造と想起の力』（サントリー学芸賞）2007年、第52回ヴェネチアビエンナーレ美術展の日本館展示のコミッショナーを務める。

中山英之（なかやま・ひでゆき）
伊東豊雄建築設計事務所 元所員
現 中山英之建築設計事務所
1972年福岡生まれ。東京藝術大学建築科卒業、同大学院修了。多摩美術大学附属図書館設計および現場監理担当。

庵原義隆（いはら・よしたか）
伊東豊雄建築設計事務所所員
1979年東京生まれ。東京大学工学部建築学科卒業。
多摩美術大学附属図書館設計および現場監理担当。

つくる図書館をつくる
──伊東豊雄と多摩美術大学の実験

[多摩美術大学図書館ブックプロジェクト]

編集
鈴木 明（建築・都市ワークショップ）
港 千尋（多摩美術大学教授）

長谷川直子（ita&co）
伊藤憲夫、米山建壱（多摩美術大学企画広報部）
渡邉朋也（多摩美術大学図書館）

編集協力
中山英之（伊東豊雄建築設計事務所）
庵原義隆（伊東豊雄建築設計事務所）

アートディレクション
永原康史（多摩美術大学教授）

デザイン
岡田奈緒子（永原康史事務所）
中田信子（永原康史事務所）

撮影
伊奈英次
港 千尋
大橋富雄
Maris Mezulis
田中聖太郎
高橋あい
古屋和臣
横田 徹

写真提供
伊東豊雄建築設計事務所
藤江和子アトリエ
多摩美術大学

イラストレーション
中山英之

建築図面
伊東豊雄建築設計事務所
藤江和子アトリエ

校正
共同制作社

制作担当
相川幸二（鹿島出版会）

Photo© 伊奈英次 P.1, 4, 6, 7, 8, 13,18, 22, 26, 35, 47, 51, 57, 62, 70, 74, 78, 81, 89（中段および下段左）, 92, 97, 98, 102, 104, 113, 140, 146（左上段および右）, 169, 173, 175／港 千尋 P.20, 28, 30, 66, 85, 86, 89（上段）, 95, 107／大橋富雄 P.110／Maris Mezulis P.43, 53, 77, 101, 109, 148（左）／田中聖太郎 P.182, 183／高橋あい P.91／古屋和臣 P.60, 68, 161／横田 徹 P.180（上段左）／伊東豊雄建築設計事務所 P.2, 45, 58, 106, 143, 146（左下段および中央）, 147, 148（右）, 151, 180（左上を除き）, 181／藤江和子アトリエ P.82, 83, 84, 88, 89（下段右）, 90／多摩美術大学 P.38, 41, 94, 136, 178, 179

つくる図書館をつくる
──伊東豊雄と多摩美術大学の実験

2007年7月25日　第1刷発行©
2010年1月30日　第3刷発行
編者　鈴木 明・港 千尋
　多摩美術大学図書館ブックプロジェクト
発行者　鹿島光一
発行所　鹿島出版会
　東京都中央区八重洲2丁目5番14号
　〒104-0028
電話　03-6202-5200
振替　00160-2-180883
装丁　永原康史
表紙イラスト　中山英之
印刷・製本　壮光舎印刷

ISBN978-4-306-04484-5 C3052
Printed in Japan

本書の内容に関するご意見・ご感想は下記までお寄せください。
URL　http://www.kajima-publishing.co.jp
E-mail　info@kajima-publishing.co.jp